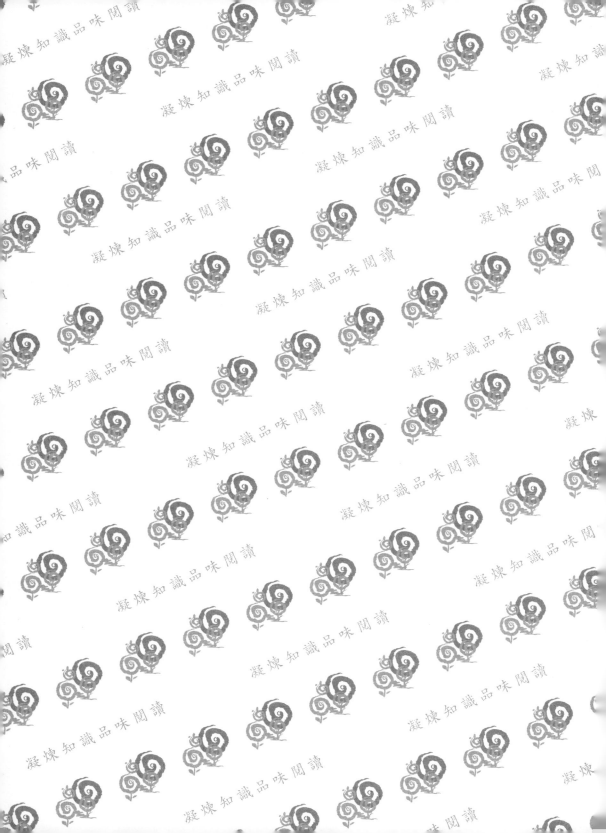

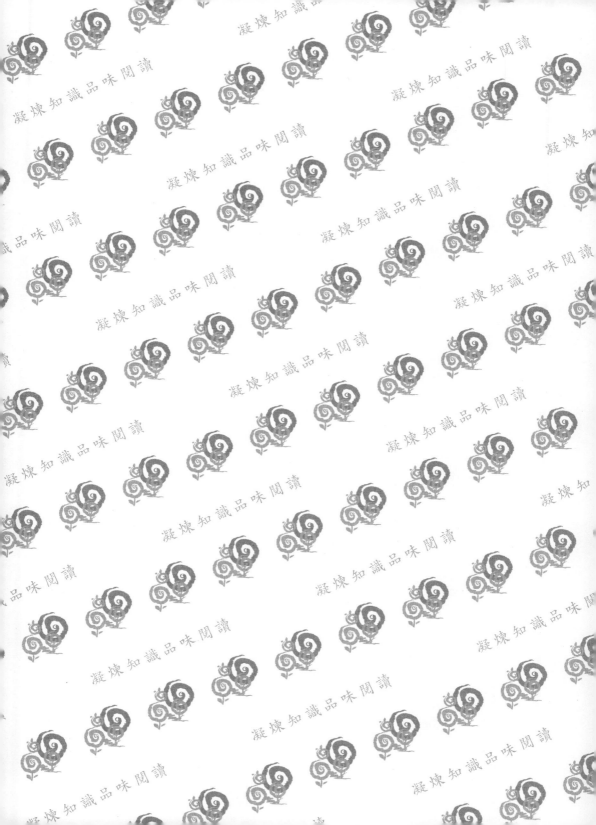

醫護統計與整合分析

RevMan5軟體操作

楊秋月　陳耀茂 編著

五南圖書出版公司 印行

序言

西元 1972 年，英國臨床流行病學者 Archie Cochrane 提出「謹慎地、明確地、明智地採用目前最佳的證據，作為照顧病人臨床決策參考」（Conscientious, explicit, and judicious use of current best evidence in making decisions about individual patients. ~ Archie Cochrane 1972），並強調隨機對照試驗（Random Controlled Trials, RCT）的重要性，認為所有醫療行為應有嚴謹研究及證實作為有效的根據，而實證醫學（Evidence-based Medicine, EBM）是指從龐大的醫學資料庫中，經由嚴格評讀、綜合分析找出值得信賴的部分，並將所能獲得的最佳文獻證據應用於臨床工作中，使病人獲得最妥善的照顧作為宗旨。

統合多個隨機對照試驗的整合分析（Meta -analysis），在當今的實證醫學中享有甚高的評價，是現代醫療所不可欠缺的統計手法。整合分析在實證醫學中的確負起重要的任務。另一方面，整合分析對臨床醫師可以率直地回答身邊的疑問。對於平日不知不覺所抱持的疑問可以給予一定的回答。姑且不論其絕對正確與否，於當時以所公開的文獻為基礎，自己本身可以導出客觀的結論，並非是透過個人的主見與習慣來評價。

整合分析的特色，簡言之即為：

1. 將多個且具有同樣主題研究予以綜合分析。

2. 利用統計方法將量化後的數據予以客觀的分析。

因此，所選取的文獻（或研究）並非限定相同結論的成果。整合分

析中除了數據的分析外，在資料及文獻的選擇上也要格外小心，因為這些訊息是攸關整合分析結果之可信度。一般而言，在進行整合分析時須注意以下事項（詳情參見第 2 章）：

1. 查明欲解決的問題。問題的陳述可透過臨床問題（Problem）、治療的方式（Intervention）、對照分析（Compare）、分析的評價結果（Outcome），亦即須以 PICO 來表示。

2. 找出欲使用的文獻及選擇資料。就文獻品質的問題來說，被知名期刊所接受者，是否表示品質優良？在期刊的審查委員，是否偏好顯著性的結論而接受論文？未發表的研究如何審視其品質？諸如此類的問題，事先清楚界定「排除」或「選入」的條件來確認文章的品質。

3. 選擇合適的統計方法。其統計方法的種類很多，依研究目的及研究設計，在不同的資料類型下，選擇較合適的方法。相同研究設計及相同類型的資料，才能利用整合分析予以整合。常用統計量的指標為：均數差、比例差、相關係數、勝算比、相對風險、信賴區間等等。加入整合分析的每個研究，會給予不同的權重，權重的選擇依樣本數大小或試驗的嚴謹度而定，使結論更客觀。

4. 小心解讀結果。從統計分析產生的結果客觀地導出結論，並從專業知識小心地解釋臨床上的意義。

由上所述，整合分析的精神是著重資料的蒐集以及客觀的呈現結果，其正確性有賴於高品質的系統性文獻評估，這也是使用統計方法時應有的正確理念和態度，不能因為想要得到某種結果而更改數據，或只收集有利於解釋的文章等造成無益的結論。

整合分析需要高額的統計軟體與艱深的理論，不易著手而有此感覺的人似乎很多。實際上，市面上販售的統計軟體有許多是相當高額的。當想要購買時，又令人躊躇不前。可是，如利用網路，從 Cochrane 共同計畫的網頁，任誰都能免費下載可供整合分析的軟體 Review Manager。像 Cochrane 共同計畫那樣，也許難以導出能左右全世界醫療動向的結論，但對於平日感受的身邊疑問，自己可以導出回答。本書是以想利用此軟體開始著手整合分析的人為對象所寫的入門書，如可以做出基本的 4 分表（2×2 表），不要數學式子，也可以進行整合分析。

　　本書的特色是不採艱深的統計說明，採條列的重點項目以條列式進行解說。另外，本書是使用免費的軟體 RevMan，有別於市面上所使用的需要支付高額的 CMA 軟體及其他軟體，而且此軟體的操作也以步驟的方式來說明，使初學者容易上手。

　　那麼，現在立即使用軟體 Review Manager，邁出整合分析的第一步吧！

陳淑齡　陳耀茂
誌於大度山 2016

目錄

第1章　整合分析用語

本章要點

本章簡述整合分析中經常使用的用語，如效果量、固定效果模式、隨機效果模式、出版的各種偏誤等，也介紹各模式所使用的統計方法等，使讀者能以一覽表的方式重點式地掌握學習要點。

1.1　整合分析的緣由

　　整合分析（Meta-analysis）的發展歷史，最早可以追溯到 17 世紀左右。在當時的天文學界察覺出，將數個觀察到的小型資料加以整合會比單從資料中挑選合適的資料更為準確。然而，正式地運用較為正式的統計方法來整合研究資料，則源自 1904 年著名統計學家 Karl Pearson 的首開先例。他統合數個利用血清接種的治療方式來預防腸內熱（enteric fever）的小型研究，以佐證治療的有效性。由於 Pearson 的演算方式仍非正式嚴謹的方式，隨後醫學界的整合分析發展便逐漸停滯。此時之整合分析的研究反而在社會學、精神醫學和教育學逐漸發展成形。

　　1976 年時，由精神分析師 Gene Glass 首先正式提出「Meta-analysis」這個名詞。其後，1979 年英國的流行病學專家 Archie Cochrane 發現一般民眾對於醫學議題並沒有管道來收集足以信賴的醫學證據，因此，他認為應該成立專門機構來統合這些研究的訊息。到了 1980 年代，整合分析的論文便逐漸在心臟醫學、腫瘤醫學及周產期照護等醫學領域中有相關的論文發表。

　　到了 1990 年時，「The Foundation of the Cochrane Collaboration」正式成立，這個組織定期更新特定醫學議題的系統性文獻回顧（systematic reviews）和整合分析，從此整合分析的研究和論文的發表如雨後春筍般進入了蓬勃發展的時代。

　　整合分析原意是 more comprehensive，也就是更加廣泛全面的研究，有人稱為「分析的分析」或「資料的再分析」，也有人稱為後設分析。所謂整合分析是指利用系統性的文獻回顧，將一群已完成且具有相關研究問題的研究結果，以定量的統計方法分析評估，以總結出一個研究結論。

　　此種統合資料的方式可分為 (1) 質性的回顧（qualitative overviews）

與 (2) 量性的整合（quantitative review）；質性的回顧也就是系統性文獻回顧，量性的整合也就是整合分析。系統性文獻回顧即是針對臨床某一主題，透過詳盡的全球搜尋，再經由嚴謹的評估來統合結果，以提供臨床醫師實證資訊與解決問題的方法。整合分析則是一種量化的系統性文獻回顧，從檢索、選擇到利用統計方式整合各篇相關議題仍是獨立的研究結果。整合分析因針對某一介入或治療方式（intervention）的問題去定量評估所有相關研究的整體效果，可以呈現比任何單篇研究結果更有力的結論。臨床醫師藉由整合分析，可以在實證過程中獲得客觀資訊，以做為臨床診治的方針。

　　由前述得知，整合分析一開始被運用在心理治療的評價上，主要目標是整合相關領域曾經進行過有相同目的且相互獨立的多個研究結果。許多小型研究因為樣本數較少而無法顯現出統計學上的重要性，透過整合分析的統合，大大提升研究的檢定力（power）。在統合分析中除了探討各個研究內的變異外，也可探究各研究間的變異性，能讓我們進一步了解目前資訊有哪些不足，以提供未來研究的著眼點與研究的新方向。

1.2 敘述性文獻回顧、系統性文獻回顧與整合分析

1. 敘述性文獻回顧（narrative review）

　　所謂傳統的敘述性文獻回顧就是作者針對比較廣泛的一般性議題，選取作者認為比較重要的文獻進行整合及分析。撰寫敘述性文獻回顧的作者通常是該領域的專家，他對該領域的發展現況很熟悉，研究的最新近況及有哪些新的論文發表也都很清楚，因此作者會選擇性的針對高品質重點文章進行評讀，為讀者分析這個領域的發展趨勢，進而提出個人的專家意見。這類文章的作者不見得都會進行系統性的文獻搜尋（systematic literature search），即使如此，也不見得會對每篇文章加以選讀及評析。敘述性文獻回顧的作者常受到邀請為該雜誌撰稿，一般年輕的醫護人員或在該領域資歷不高的學者不太有機會能夠發表這類文章。

2. 系統性文獻回顧（systematic review）

　　相對於敘述性文獻回顧來說，系統性文獻回顧最大的優點就是可以降低許多影響結論的潛在偏誤（bias）以及作者自身先入為主、刻板印象所造成的主觀偏見。此外，系統性文獻回顧所討論的議題比較專一性，作者必須針對 PICO（Patient, Intervention, Comparison, Outcome）提出核心問題。舉例來說，經口插管的病人（Patient）接受 Glidescope 治療（Intervention）是否比接受 Macintosh 喉頭鏡治療（Comparison）的效果較好呢（Outcome）？作者必須根據此一專門的主題搜尋所有古今中外相關的文章進行評讀，甚至進行整合分析（Meta-analysis），並作出客觀的結論或建議。

3. 整合分析（Meta- analysis）

　　許多人常以為整合分析就是系統性文獻回顧，其實這只說對了一半。

嚴格來說，系統性文獻回顧是一個操作過程（process），整合分析則是這個過程可以利用的統計工具（tool）。

下圖所示就是文獻回顧（review article）中敘述性文獻回顧、系統性文獻回顧及整合分析三者之間的關係。

三者間的關係

4. 系統性文獻回顧與敘述性文獻回顧的差異比較

Cook 等人（1998）及 Stone（2002）認為系統性文獻回顧與敘述性文獻回顧最大的差別，在於系統性文獻回顧在整合研究的過程，是應用科學方法（scientific review methods）依據特定的步驟（specific steps）以減少研究失誤與偏誤的發生（error and bias）。其間差異整理如下表。

特點	系統性文獻回顧	敘述性文獻回顧
問題取向	針對特定且具體的臨床問題。	較廣泛的主題或研究範圍。
原始文獻來源及檢索策略	全面且完整的資料來源，明確的檢索策略，提供同一團隊的同儕檢核。	未具體登錄或分工，未說明文獻檢索的過程及策略，可能有潛在的偏誤。
原始文獻的選擇	有明確且一致的選擇標準。	未記錄選擇文獻的標準，可能有潛在偏誤危機。
原始文獻的評價	嚴謹的批評判讀方法。	以個人主觀篩選，方法多變。
結果的彙整	採取定量方法。	採用定性方法。
結論的推論	一定遵循實證的依據。	有時遵循實證的依據。

資料來源：Cook, D. J., Mulrow, C. D., & Brian Haynes, R. (1998). *Synthesisof best evidence for clinical decisions*. In Mulrow, C. D.,& Cook, D. J. (Ed.), Systematic reviews (p7). Maryland: American college of physicians.

1.3　系統性文獻回顧的評析

系統性文獻回顧可從以下幾項進行評析，再分別給予「是」、「否」、「不清楚」的回答，並給予評論。以下將評析的重點以條列的方式加以整理。

1. 問題是否清楚聚焦？

    ⑴ 是否清楚闡明文章想要回答的問題？

    ⑵ 暴露因子（包括治療、檢驗等）與結果的因果關係是否簡單明瞭？

2. 文獻類型是否正確？

    ⑴ 回答臨床問題

    　　搜尋到的文獻皆適合回答臨床問題，即與 PICO 一致。事先清楚界定「選入」及「排除」文章的準則，準則的描述應包括病人群的特性、介入治療的方法或暴露因子、有興趣的研究結果。

    ⑵ 研究設計正確，例如：治療文獻以 RCT 為主。

3. 是否納入相關重要的文獻？

    資料搜尋是否完整，包含

    ⑴ 重要的資料庫如 Medline、Cochrane、EMBASE 等。

    ⑵ 相關研究的參考文獻。

    ⑶ 向專家請教，特別是尚未刊載的研究。

    ⑷ 不只限於英文資料。

    ⑸ 搜尋策略包括 MESH term 及 text words。

4. 文獻品質的評估是否嚴謹？

    ⑴ 應描述所回顧之每篇文章的研究品質。

    ⑵ 研究品質的判定準則依不同臨床問題而事先擬定的，如隨機分

派、雙盲、追蹤的完整度等，「研究方法」應描述品質的評估及所使用的準則，「研究結果」應說明各研究的品質。

5. 統合各研究結果是否合理？

　⑴ 各研究結果公開呈現。

　⑵ 最理想的狀況是各研究的結論一致或差異不大。

　⑶ 如果各研究的結果有差異，作者以統計的方法檢定是否達到統計上的顯著差異。

　⑷ 探討各研究結論差異的原因。

6. 回顧文獻的整體結果為何？

　⑴ 清楚呈現回顧文獻重要的結果，包含各重要的臨床結果。

　⑵ 結果是以何種方式呈現？數字為何？如需要被治療的病人數目（Number Needed to Treat, NNT）、勝算比（Odds ratio）等。

7. 結果的準確性如何？

　⑴ 各重要的臨床結果除了呈現是否達到統計上有意義的差別外。

　⑵ 也應呈現 95% 信賴區間，做為可信度的判斷。

8. 結果適用於本地病人嗎？

　⑴ 病人的生物特性、疾病狀況等與文獻中探討的族群相似。

　⑵ 社會、經濟的因素相似。

　⑶ 評估應用在病人身上的效果如何？

9. 所有重要結果是否都考慮到了？

　⑴ 涵蓋了各種臨床重要的結果，並做分析比較。

　⑵ 結果清楚呈現在森林圖（Forest plot）中。

10. 考量利弊及支出是否值得？

　⑴ 除了探討益處之外，亦提出可能的副作用或害處，以及可能的花費與付出的代價。

1.4 系統性文獻回顧與整合分析的特徵及存在問題

以下係以條列的方式整理敘述性文獻回顧的缺陷、系統性文獻回顧的特徵與整合分析的功能與所存在的問題。

1. 敘述性文獻回顧（narrative review）的缺陷
   (1) 主觀綜合。
   (2) 缺乏共同遵守的原則和步驟。
   (3) 未注重統計學是否「有意義」。
   (4) 等價對待每篇文獻，無權值。
   (5) 定性而非定量。

2. 系統性文獻回顧（Systematic review）的主要特徵
   被公認爲客觀地評價和針對某一特定問題綜合研究證據的最佳手段。
   (1) 清楚地表明題目與目的。
   (2) 採用綜合檢索策略。
   (3) 明確的探究選入和排除條件。
   (4) 列出所有選入的研究。
   (5) 清楚地表達每個選入研究的特點並對它們的方法進行分析。
   (6) 闡明所有排除的研究原因。
   (7) 如果可能，使用整合分析合併合適的研究結果。
   (8) 如果可能，對合成的結果進行敏感性分析。
   (9) 採用統一的格式報告研究結果。

3. 整合分析（Meta- analysis）的特徵
   此爲系統性文獻回顧中使用的一種統計方法，過去 20 年間在醫學研究領域也得到了廣泛的應用。

⑴定量綜合。

⑵提供系統的、可重複的、客觀的綜合方法。

⑶透過對同一主題多個小樣本研究結果的綜合，提高原結果的統計效能，解決研究結果的不一致性，改善效果估計值。

⑷回答原先各研究未提出的問題。

4. 為什麼要進行系統性文獻回顧和整合分析

⑴海量信息需要整合。

⑵避免「只見樹木不見森林」。

⑶克服傳統文獻性回顧的缺陷。

⑷連接新舊知識的橋梁。

5. 目前發表的系統性文獻回顧和整合分析存在問題

⑴文獻查全率與查準率不高。

⑵沒有列出被排除的文獻。

⑶對資料的可合併性的檢測較差。

⑷對潛在偏誤的控制和檢測不足。

⑸統計分析未規範。

⑹缺少對原始研究的品質評價，或未進行敏感度分析。

⑺缺少對發表偏誤的檢測。

⑻缺少對結果應用價值的評估。

註

1. 查全率（recall ratio），就是系統在進行某一檢索時，被檢出的相關文獻量與系統文檔中實有之相關文獻量的比率。

2. 查準率（precision ratio），是指檢出的相關文獻量與檢出文獻之總量的比率，是衡量信息檢索系統精確度的尺度。

1.5 文獻證據分級系統

目前國際間對文獻有不同的證據分級系統，一般的分級方式大都以來自系統性文獻回顧爲最高等級的證據，而專家意見爲最低等級。

1. Oxford classification (Center for Evidence-Based Medicine, 2011)

建議分級 （Grade of Recommendation）	證據等級 （Level of Evidence）	治療或措施 （Therapy/Prevention）
A	1a	隨機對照試驗的系統性文獻回顧 （Systematic review of RCTs）
A	1b	單一隨機對照試驗（Single RCT）
A	1c	有一致性結果的個案報告（All-or No）
B	2a	世代性研究的系統性文獻回顧 （Systematic review of cohort studies）
B	2b	世代研究或較不嚴謹的隨機對照試驗 （Cohort studies or poor RCT）
B	2c	成效研究 （'Outcomes' research）
B	3a	病例對照研究的系統性文獻回顧 （Systematic review of case- control studies）
B	3b	病例對照研究 （Case-control study）
C	4	病例報告 （Case series）
D	5	專家意見 （Expert opinion, bench research）

2. Melnyk 和 Fineout-Overholt（2005）

證據等級	治療或措施
Level I	隨機對照試驗的系統性文獻回顧、統合分析或以隨機對照試驗的系統性文獻回顧為基礎發展的實證臨床照護指引
Level II	證據來源至少有一個為設計良好的隨機對照試驗
Level III	證據來源為非隨機化但設計良好的控制試驗
Level IV	設計良好的個案控制研究及世代研究之證據
Level V	描述性及質性研究的系統性文獻回顧之證據
Level VI	單一描述性研究或質性研究之證據
Level VII	專家報告或專家意見

　　至於哪一類的研究設計其偏誤較少？在實證醫學中從 Oxford Centre for Evidence-based Medicine Levels of Evidence（2011）的證據金字塔的圖可得知如下端倪：

- ■ 研究證據的價值取決於其品質及效度。
- ■ 評讀文獻的黃金標準中，以雙盲隨機對照臨床試驗得出的結果為最佳證據等級。

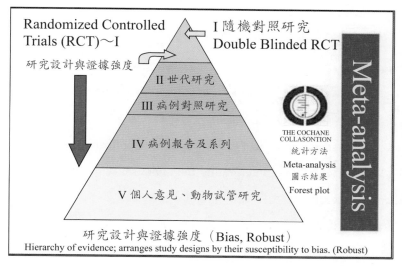

證據金字塔

一般來說，研究品質的等級高低比較如下：

⑴ 前瞻性研究（prospective studies）優於回溯性研究（retrospective studies）。

⑵ 實驗性研究優於觀察性研究。

⑶ 同時性控制組設計（實驗組的結果與同時期控制組的結果相比較）優於歷史性控制組設計（目前實驗組的結果與過去實驗組的結果相比較）。

⑷ 內在控制組設計（例如，來自相同母體但接受不同之實驗的控制組）優於外在控制組設計（例如，不同實驗處理情境下的控制組、過去類似實驗處理的控制組）。

⑸ 隨機化研究優於非隨機化研究。

⑹ 大樣本研究優於小樣本研究。

⑺ 雙盲研究（例如，病人、臨床醫師與資料分析師均不知道使用何種藥物處理）優於非雙盲研究。

⑻ 受試者母體、處理方法與測量工具界定清楚的研究優於界定不清楚的研究。

註　**實證醫學（EBM）實施的 5 大步驟**

1. 確定一個需要執行實證醫學的問題（asking an answerable question）。

2. 尋找最佳的臨床文獻資料證據（tracking down the best evidence）。

3. 嚴格評讀文獻（critical appraisal）：評判文獻的效性（validity）、影響性（impact: size of the effect）以及適用性（applicability）。

4. 臨床應用於病患身上（intergrating the appraisal with clinical expertise and patients' preference）。

5. 對過程進行稽核與評估（auditing performance in step1~4）。

1.6　整合分析的目的

　　整合分析是將過去獨立所進行的數個研究結果以統計學的方式整合，形成總括式的統計解析方法 *。

> **目　的**
> 1. 增大樣本大小，以提高統計學上的檢定力。
> 2. 論文的結論不一致時，解決它的不確實性。
> 3. 改善效果量（Effect size）。
> 4. 針對研究最初所不明白的問題予以回答。

　　樣本數甚少的研究或數個研究的結果不一致時，無法導出決定性的結論。整合分析是藉由綜合數個研究以導出一定結論。可是它的結論是在進行整合分析時的結論，並非絕對的。與此後所進行之大規模的隨機對照試驗（Randomized Controlled Trails, RCT）的結果也有可能不同。

　　當遇到整合分析和隨機對照試驗的結果相牴觸時，必須花時間去找出兩者間的研究差異性。

　　關於特定的主題來說，以具有重現性的方法，在有體系、網羅性的收集文獻的系統性文獻回顧（Systematic Review）中，為了得到客觀的結論而後進行整合分析。

　　將數個隨機對照試驗統合的整合分析，在實證醫學（Evidence Based Medicine, EBM）或實證護理（Evidence Based Nursing, EBN）中，都得到相當高的推崇。

---

* Sack Hs, et al. Meta- analysis of randomized controlled trail. N Engl J Med 1987：316:450-5.

1.7 兩組的比較（P 值）

在調查兩組之間有無差異時，經常使用 P 值。這是基於「2 組之間無差異」的虛無假設，顯示其假設檢定結果之一種數據。譬如，「P < 0.05，組間存在有顯著差異」的記述，意指在 95% 以上的機率下 2 兩組之間是有差異的。

可是，利用 P 值的顯著差判定，會受樣本大小的影響。如樣本數據增加時，實際上即使無差異也會使 P 值變小而有此特徵。

樣本數與 P 值之間的關係（模擬數據）

受試者	設施	n	平均值	標準差	平均差	P 值	效果量
陳醫師	A	50	40	10	3.0	0.137	0.3
	B	50	43	10			
王醫師	A	100	40	10	3.0	0.015	0.3
	B	100	43	10			

為了比較設施 A（平均值 40，標準差 10）與設施 B（平均值 43，標準差 10）的酒精性肝受害患者的 γ-GTP，在運用不同的設施之下，陳醫師收集 50 人，王醫師收集 100 人。兩設施的平均值之差，兩位醫師的抽血數據均為 3.0。如對此進行無對應的 t 檢定時，陳醫師的數據其 P 值是 0.137（P < 0.05），並無顯著差。另一方面，王醫師的數據其 P 值是 0.015（P < 0.05），被判定有顯著差。儘管實質上的差異是相同的，但樣本數如變得愈大，P 值卻變得愈小。

雖有 P < 0.05 與 P < 0.001 的記載，P < 0.001 給人的印像是組內的差異較大，但這是錯誤的解釋。P 值並非表示實值差異的大小。

註　**建立虛無假設的假設檢定**

　　由於無法直接證明 A 與 B 兩組完全相同（A＝B），所以從 2 組有差異（A≠B）間接地導出 A＝B。首先，設定 2 組無差異的假設（虛無假設）藉由否定該假設來調查組間有差異的方法，即為假設檢定。

　　虛無假設是對母體參數提出一主張，假設此主張為真實（除非能證明此主張非真！）。對立假設是相對於虛無假設所提出的另一個不同（相反）的假設或主張，必須有足夠的證據，才能說明此主張為真。

假設檢定的步驟整理如下：

Step 1　　設定虛無假設（null hypothesis）與對立假設（Alternative hypothesis）。

Step 2　　選擇檢定統計量（test statistic）。

Step 3　　比較樣本統計量與臨界值。

Step 4　　下結論。

1.8 信賴區間

在隨機對照試驗（Randomized Controlled Trials, RCT）方面，將其精確度與結果一起記載是被推薦的 *。精確度是指其值的正確性，相反的，表現即爲不確定性，是指變異的大小。

我們想知道的是「眞值」，但由試驗所得到的值畢竟是「估計值」。樣本必然受到偶然的影響，因變異產生誤差。所謂信賴區間（confidence interval, CI），可以想成是估計值的範圍。

在產生相同條件下，即使進行重複的抽樣，因偶然的影響也無法得出相同的結果。重複 100 次抽樣時，可以求出 100 個估計值與其對應的 100 個信賴區間。此 100 個信賴區間之中，95% 的機率下，包含「眞值」的範圍。相反地，「眞值」在 95% 信賴區間之外的機率是 5%。

信賴區間是受到試驗的數據所影響。試驗次數愈多，信賴區間的範圍變窄，而試驗次數如果愈少，那麼信賴區間的範圍即變寬。

註1　信賴區間與信賴水準

定義：	由樣本資料定義一段數值區間，宣稱有多少信心以估計母體的參數包含於此區間內。 該數值區間上、下限稱爲信賴界限（confidence limit）。 用以估計的信心程度稱爲信賴水準（confidence level）。
補充：	一般常以 95% 或 99% 作爲信賴水準指標，相對應的 Z 分數（相差幾個標準差）分別爲 1.96 與 2.58。 可表示爲： 有 95% 信心估計母群體平均數在樣本平均數 $\pm 1.96*$（母群體標準差 $/\sqrt{\text{樣本數}}$）的範圍內。 有 99% 信心估計母群體平均數在樣本平均數 $\pm 2.58*$（母群體標準差 $/\sqrt{\text{樣本數}}$）的範圍內。

以式子表示如下：

$$\mu \text{ 之 } 95\% \text{ CI} = \overline{X} \pm 1.96 * (\sigma / \sqrt{n})$$

$$\mu \text{ 之 } 99\% \text{ CI} = \overline{X} \pm 2.58 * (\sigma / \sqrt{n})$$

註2　因樣本數的影響造成的偶然變異

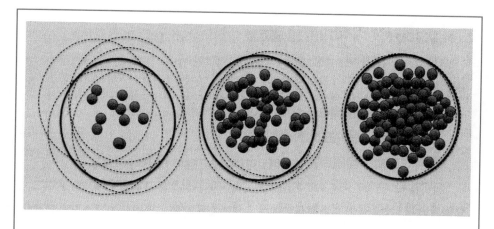

實線是假定表示我們想知道母體性質。左方是由少樣本所估計的母體的估計圓（虛線）。任一估計圓都涵蓋樣本，但因為受限的樣本數少，因之自由度高，估計圓即分散著。變異大，信賴區間即變大。中央是樣本數有所增加，估計圓的變異變小。右方是樣本數甚多，估計圓接近母體。樣本數愈多，變異即變小。亦即，精確度高，信賴區間即變窄。

註3

　　隨機對照試驗是一種對醫療衛生服務中的某種療法或藥物的效果進行檢測的手段，特別常用於醫學、藥學、護理學研究中，在司法、教育、社會科學等其他領域也有所應用。隨機對照試驗的基本方法是，將研究對象隨機分組，對不同組實施不同的介入，在這種嚴格的條件下對照效果的不同。在研究對象數量足夠的情況下，這種方法可以抵消已知與未知的混雜因素對各組的影響。

---

*　http://www.consort-statement.org

1.9　整合分析的資料型態

數量研究的目的係收集可以計量的變項資料以供統計分析，由於變項資料型態（data types）不同，使得計量方式亦有別。統計學家一般把資料分成四種型態：類別資料（nominal data）、等序資料（ordinal data）、等距資料（interval data）以及等比資料（ratio data）。

應用上可簡化分為 2 大類：類別資料、連續資料。

1. 類別資料

類別資料是收集所得的資料是一個「類別」，而不是一個可以比較大小的「數值」，譬如調查「性別」的資料是「男」或「女」，調查「電視收視率」的資料則是「臺視」或是「中視」、「華視」。

類別資料所包括的「類別」，統計上稱為「水準（level）」。譬如「性別」資料包括男、女 2 個類別，就是有 2 個水準。如果把「職業」分作士農工商，就是有 4 個水準。如果有一個量表可以把人的「動機」分作高中低 3 類，就是有 3 個水準。

有些類別資料，自然只能分為兩類：是或否，有或無。譬如性別只能分為男或女，具有數學上「二項分配」（binomial distribution）的性質，或稱為「二元資料」（dichotomous data）。至於分類在三種以上的則稱為「多項分配（multinomial distribution）」，或「多元資料」（polychromous data），譬如「電視收視率」的資料等。

有些資料事實上並不只 2 類，但在統計上把它合併為 2 類，譬如在選舉調查上分為只有「藍、綠」兩種政黨，也可以相當於「二元資料」，也可以適用二項分配的性質。這種處理方法，有些學者稱為「人為二元資料」（forced dichotomous data）。

Binomial 中譯為「二項」；dichotomous 中譯為「二元」，但從適域

性來看，「二元」較易理解，且學生對「二元」的語意反應較爲敏銳，故本研究者引用此概念時均稱爲「二元」。

2. 連續資料

連續資料是指可以比較大小、先後……具連續性的資料，古典觀念又分爲 3 級，即等序資料、等距資料、等比資料。

等序資料是蒐集所得的資料可以比較大小，但是其間的差距不明確。譬如調查樣本對某公共政策的意見是：「十分贊成？很贊成？贊成？反對？很反對？十分反對？」，我們收回資料後，知道「十分贊成」的態度強於「很贊成」，「很贊成」又強於「贊成」，但是「十分贊成」、「很贊成」與「很贊成」、「贊成」之間的差距是不是一致呢？我們並無法明確測量出來。

等距資料就是資料數值之間的距離，可以明確測量出來。譬如溫度資料、長度資料，彼此之間的高下長短，就有很具體的差距。

等比資料就是等距資料中又具有「眞正絕對零度」的特殊情形。如溫度就沒有眞正絕對零度，不能稱爲等比資料；而長度有絕對零度，故爲等比資料。

不過，社會科學家在實際應用資料時，都假設等序資料的階級之間，具有一種抽象相等的距離；而等距資料和等比資料的區別又不十分必要，故常把等序、等距、等比三種資料合稱爲「連續資料」（continuous data），和「類別資料」彼此對稱，作爲選擇統計方法的重要依據。類別資料中的二元資料，具備等同「0，1」的準連續性，也可適用連續資料的分析工具。

1.10　效果量

■ **相對的效果量**

　　勝算比（odds ratio）：二元變數

　　風險比（risk ratio）：二元變數

　　危險比（hazard ratio）：時間─事件

■ **絕對的效果量**

　　風險差（risk difference）

　　均數差（mean difference）

　　標準化均數差（standardized mean difference）

　　所謂效果量（effect size）是將 2 變數之間的關係強度、量化估計值、均數差等予以標準化。此效果量不受樣本大小的影響，具有如此的特徵。另一方面，表示組間差異的 P 值是受樣本的影響，已如前述（參照 1.7）。

　　症狀是否因治療而有所改善呢？病情是否因治療方式而有所抑制呢？此等分成「有」與「無」的二元變數（dichotomous data, binary data）中，可使用風險比、勝算比、風險差。

　　當比較血壓等連續變數（continuous data）時，使用均數差，當評估數個不同指標的連續變數時，則以標準化均數差來進行比較。

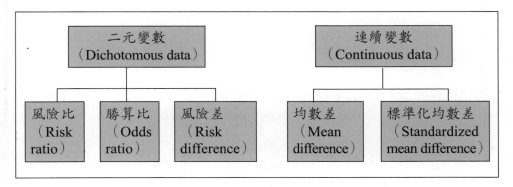

効果量的分類

1.11　四分表（2×2 表）

　　隨機對照試驗的結果是以四分表（2×2 表）來表示。在接受治療等的實驗組中，事件發生數（a）與未發生數（b），在未接受治療的對照組中，事件發生數（c）與未發生數（d），基本上有 4 個數。

	事件發生	事件未發生
有治療（實驗組）	a	b
未治療（對照組）	c	d

　　由此 4 個數字可以求出勝算比。

$$實驗組的事件發生率 = \frac{a}{a+b}$$

$$對照組的事件發生率 = \frac{c}{c+d}$$

$$風險比（risk\ ratio）= \frac{a/(a+b)}{c/(c+d)}$$

$$風險差（risk\ difference）= \frac{a}{a+b} - \frac{c}{c+d}$$

$$勝算比（odds\ ratio）= \frac{ad}{bc}$$

註

　　單盲試驗（single blinding）是一種簡單的實驗方法，透過對試驗對象保密，以避免有意或無意在實驗中造成偏頗。例如，在口味測試中，如果消費者事先知道測試的產品，他們通常都會稱常用的知名品牌較佳。在單盲測試中，如果產品品牌被蓋住，消費者便可能選擇另一產品。單盲試驗中，由於試驗對象會與研究人員接觸，因而受其影響。例如在心理及社會科學實驗中，觀察者的主觀期望經常有意或無意地影響實驗對象的行為。

　　雙盲試驗（double blind test）通常在試驗對象為人類時使用，目的是避免試驗的對象或進行試驗之人員的主觀偏向影響實驗的結果，通常雙盲試驗得出的結果會更為嚴謹。在雙盲試驗中，受試驗的對象及研究人員並不知道哪些對象屬於對照組，哪些屬於實驗組。只有在所有資料都收集及分析過之後，研究人員才會知道實驗對象所屬組別，即解盲（unblind）。

　　藥物測試中經常使用雙盲測試，即病人被隨機編入對照組及實驗組，對照組給予安慰劑，實驗組給予真正藥物。無論是病人或觀察病人的實驗人員都不知道誰得到真正的藥物，直至研究結束為止，才進行資料解盲與分析。

1.12　風險比

　　風險比是世代研究（cohort study）所導出的效果量。世代研究是由現在向未來以前瞻性（prospective）的方式進行調查。治療方式或介入與否，或者將暴露在危險因子的人與未暴露在危險因子的人分成 2 組，以預測的方式調查有無治療效果，或事件有無發生。在開始調查時，事件是否發生並不清楚。如實驗組與對照組的背景因子並無差異時，事件的發生率是表示治療方式或介入的結果。

　　此事件發生的比例稱爲風險（risk），雖然是風險的表現，但並非是「危險」之意。「病醫好」、「成功」等事件是被解釋成好的一面。

	事件發生	事件未發生	合計
有治療（研究組）	a	b	a + b
無治療（對照組）	c	d	c + d

　　四分割表的橫向累積，實驗組的風險是 $a/(a + b)$，對照組的風險是 $c/(c + d)$。

$$風險比（\text{risk ratio}）= \frac{a/(a+b)}{c/(c+d)}$$

　　風險比是指實驗組中事件發生之比與對照組中事件發生之比，此說明實驗組的發病或死亡的危險是對照組的多少倍。風險比大於 1 是表示事件因其治療方式或介入的影響而容易發生，小於 1 是表示事件因其治療方式或介入而不容易發生。風險比爲 1 時，意謂無差異。

註

　　世代研究也稱為「定群研究」，是指對一群界定明確的生物進行追蹤，經過一段時間之後，檢驗在不同次群組之間是否存在著差異，屬於觀察性的研究方法（observational study）。例如：觀察罹患某種疾病的人與未患有該疾病的人，比較這兩種人暴露於某風險因子下的差異，藉此以推論出該疾病與此風險因子間的關係。

　　根據開始切入研究的時間，可將世代研究分為兩種型式：

　　1. 前瞻性世代研究（prospective cohort study）

　　當兩個或兩個以上的次群組開始接受某因子的影響時便進行研究，一直追蹤到結果確定為止，為大部分世代研究所採用的方式。

　　2. 回溯式世代研究（retrospective cohort study）

　　先比較目前次群組之間所呈現的差異，再往前回溯，直至找到這些次群組開始接受某因子的影響時間為止，這種研究的先決條件是有關的記錄必須非常清楚詳細。

　　在進行醫學和生態學研究時，世代研究是被廣泛採用的研究方法之一，但有時也會有其受限之處：

　　1. 進行世代研究時，採樣時易產生偏差：

　　在理論上，當要比較實驗組和對照組時，兩組生物除了要比較影響因子之外，其他條件都應相同，但實際上執行時卻有其困難。舉例來說，要比較做瑜珈和不做瑜珈的兩組人在體重控制上的差異，除了做瑜珈的習慣以外，這兩組人在其他所有的重要特質及生活習慣上都應保持相同，但實際上卻很難完全做到。

　　2. 世代研究不適合研究罕見疾病或需要很長時間才會顯現的疾病：

　　當研究個案數太少時，很容易產生偏差；而研究的對象若需進行長期的資料蒐集，對研究人員來說，也會是一項艱鉅的任務。

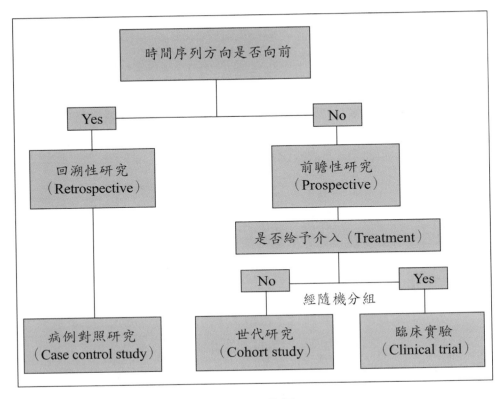

研究時間分類

1.13　勝算比

勝算比是從「病例對照研究」（case-control study）所導出的效果量。病例對照研究是從現在追溯過去，以回溯性（retrospective）的方式進行調查。收集事件發生的人數與未發生的人數，就各個組調查過去是否暴露在危險因子之中。勝算比是表示機率的指標，按四分割表的縱向累計，在各別的組中有危險因子的人數與無危險因子的人數，其比例之比。

	事件發生	事件未發生
有危險因子（實驗組）	a	b
無危險因子（對照組）	c	d
合計	a + c	b + d

事件發生組的勝算（odds）是 $[a/(a+c)]/[c/(a+c)]$，事件未發生組的勝算是 $[b/(b+d)]/[d/(b+d)]$。兩者之比稱為勝算比。

$$\text{勝算比（odds ratio）} = \frac{[a/(a+c)]/[c/(a+c)]}{[b/(b+d)]/[d/(b+d)]} = \frac{a/c}{b/d} = \frac{ad}{bc}$$

病例對照研究是收集事件發生的組與其相對的事件未發生之組。此即事件發生的母體與未發生的母體之代表值。即使收集了相當於風險比的發生率（將此等按表的橫方向以危險因子之「有」「無」來整理），也不能成為有危險因子組與無危險因子組的各個母體的代表值。這是在病例對照研究中不使用風險比的理由。

當事件發生率極小時，勝算比之值近似風險比。

$$\text{風險比} = \frac{a/(a+b)}{c/(c+d)} \fallingdotseq \frac{a/c}{b/d} = \frac{ad}{bc} = \text{勝算比}$$

　　病例對照研究是追溯過去收集發生事件的患者與未發生的患者。在各自的組中將危險因子的「有」、「無」以勝算的機率概念表示，將事件發生的組與未發生的組相比，評估對危險因子發生事件造成的影響。儘管實驗組與對照組並未代表各自的母體也能評估。

註

1. 病例對照研究（Case-control study）是流行病學的其中一種研究設計。它是一種較便宜及慣常使用的流行病學研究，只需少數的研究人員及單一的設備，且不涉及有結構的試驗。它的方法是指向一系列的重要發現及先例，其可信性卻有受質疑的地方，但因它過往的成功，現在廣泛被醫學界所接受。病例對照研究的最大成功是由理查德‧多爾爵士及其他科學家所發現吸菸與肺癌之間的關係。多爾在大量的病例中成功證明了兩者在統計上的重要關聯。但懷疑者爭辯病例對照研究根本不能證實成因，但在最近的雙盲的預測研究中，已確定病例對照研究的結果，而現在已接受差不多所有因肺癌而死亡的人都是因吸菸所導致的。

2. 個案研究（Case studies）是一種科學研究的方法。它是運用技巧對特殊問題能有確切深入的認識，以確定問題所在，進而找出解決方法。針對的是其特殊事體之分析，非同時對眾多個體進行研究。所研究的單位可能是一個人、一家庭、一機關、一團體、一社區、一個地區或一個國家。個案研究一詞來自醫學及心理學的研究，原來的意義是指對個別病例做詳盡的檢查，以認明其病理與發展過程。這種方法的主要假設是對一病例做深入詳盡的分析，將有助於一般病理的了解。個案研究的成功與否，大多仰賴於調查者的虛心、感受力、洞察力和整合力。他所使用的技術包括仔細的搜集各種紀錄、無結構的訪問或參與

觀察。

　　個案研究的優點包括：(1) 為研究質的、精密的、深度的一種分析方法，以原始資料為著手，並運用調查表、會談的方式，瞭解被調查者各方面之狀況。(2) 因資料幅度大，資料層次深，故能提出有效而又具體的處理辦法。

　　其缺點則有：(1) 是非科學性的研究。因資料兼有直接資料與間接資料，倘研究者忽視研究設計及慎用資料的原則，並過於相信自己的結論，難免會有偏差。(2) 研究雖有深度，但搜集資料耗費太多時間。(3) 選樣不易，資料不一定具有代表性。如誤以某偶發問題而做概括的結論，則難免有以偏概全之弊。

　　個案研究與統計研究之爭，在社會學史上為時甚久。但目前大家都已同意兩種方法在研究過程中均有合法的地位。個案研究提供統計上所需的變數與假設的資料，而統計分析所發現的重要關係可經個案研究獲得確認。兩種研究相輔相成，關係密切。

1.14　危險比

危險比（hazard ratio）是藉由分析從某個時間點到事件發生為止的經過時間來比較事件的發生率。

像存活率曲線等的指數函數型的衰減曲線取成對數後，形成以時間常數當作斜率的比例直線，此時間常數稱為危險比例，是一個定值，不隨著時間變化。亦即，符合比例危險假定（proportinal hazards assumption）。實驗組與對照組的危險率之比稱為危險比。

「風險比」是表示在一定期間中事件的平均發生率之比，相對的「危險比」是表示在某個時間點的瞬間事件的發生機率之比。危險比是包含著至事件發生為止的時間性變數為其特徵，可以分析包含中途觀測中止病例，或進行觀察中事件還未發生的病例。

COX 比例危險分析（Cox Proportional Hazards Model）是多變量分析的一種，依據經過時間與其他數個因子分析事件的發生機率。

Kaplan-Meier 法的 logrank 檢定是以 2 變量（事件與單一因子）進行比例危險分析的單變量分析。調查經過時間與單一因子的影響。

危險比如為 1，在發生事件為止的經過時間上並無差異。危險比如比 1 大時，時間即變短（風險增加），危害比如比 1 小時，時間即變長（風險減少）。

註

存活分析主要分為三種方法：

1. 存活率的估算：存活率的計算主要是用來描述一群病人經過一段時間的追蹤之後，尚有多少人存活（如一年存活率或五年存活率），臨床醫師可選用 Kaplan-Meier 法；但如果所研究的病人數大於 30 例，則考慮使

用生命表法（life table method）來計算存活率較方便。

2. 存活曲線的比較：二種不同治療方式下（如新療法與傳統標準療法）存活曲線差異的統計檢定，最常被使用的是 logrank test 統計法。因許多統計學專家提出各種型式的 logrank 統計量，所以有好幾種名稱，例如 Mantel logrank 統計量、Cox-Mantel logrank 統計量，不過目前都簡稱爲 logrank 統計量。

3. 多種預後因子的存活分析：爲了瞭解每一個預後因子對存活率的影響力，存活資料的蒐集除了存活時間外，尚須包括許多預後因子，如個案的特性（年齡、性別、種族）及疾病狀況（疾病嚴重等級、腫瘤大小及轉移範圍）等資料，然後採用 Cox 迴歸分析來處理這些預後因子。

有關存活分析請參見五南圖書出版的《醫護統計與 SPSS》一書。

1.15 辛普生的詭論

統合數個研究，單純地合計各個之值後計算成功率時，有時會得出與實際相矛盾的結果。

設施 A	成功數	失敗數	成功率
生手	85	15	85%
熟手	45	5	90%

設施 B	成功數	失敗數	成功率
生手	5	45	10%
熟手	15	85	15%

這是在兩種設施中氣管插管成功率的虛構數據。不管是設施 A 或是設施 B，熟手比生手出色，從此數據可以估計設施 B 比設施 A 在氣管插管上困難的患者較多。

設施 A + B	成功數	失敗數	成功率
生手	90	60	60%
熟手	60	90	40%

將這些數據單純地相加時，熟手的成功率變低，與現實是矛盾的。忽略病例數單純地平均時，變成相反的結果，此即為辛普生的詭論（Simpson paradox）之一例。

1.16　效果量的加權平均

　　為了定量地統合數據研究，首先求出不受樣本數影響的指標，亦即效果量（effect size）。將前頁（參照 1.15）的兩個設施的 2×2 表，按生手與熟手各自的成功數與失敗數橫向展開，求出成功率的風險比。

	熟手			生手			風險比	比重
	成功	失敗	成功率	成功	失敗	成功率		
設施 A	45	5	90%	85	15	85%	1.06	98.3%
設施 B	15	85	15%	5	45	10%	1.5	1.7%
合計	60	90		90	60		1.06	100%

　　設施 A 的熟手的成功率（90%）與生手的成功率（85%）相比為 1.06。設施 B 的情形一樣，風險比為 1.5。對各自的效果量予以加權平均。依據此加權統合風險比時，即為 1.06。熟手比生手的成功率，以風險比來說，得出高出 6% 的結果，這樣是可以理解的。

　　因偶然的誤差造成的變異會受樣本大小的影響。樣本數愈多，變異即變小，樣本數愈少，變異即愈大。為了使變異能公平，加重樣本數多的研究，而減輕樣本數少的研究，如此予以加權以統合數個研究，使之更接近真值的手法即為整合分析（Meta-analysis）的本質。

1.17 標準化均數差

連續性的評價結果（continuous outcome）經常使用的計算方法是均數差（mean difference, MD），均數差指的是兩組平均（mean）的差異，而不是差異（difference）的平均，所以更正確地來說應該是 difference of mean。但 MD 只能用於各項研究中所使用的「尺規（scale）」是相同的，一旦不同研究中使用的尺規不同，這時候就要使用標準化均數差（standardized mean difference, SMD）了。

1. Cohen's d 的公式說明如下：

$$標準化均數差\ d=\frac{組間均數差}{2\ 組合併後的標準差}=\frac{m_t-m_c}{s_p}$$

$$s_p=\sqrt{\frac{(n_t-1)s_t^2+(n_c-1)s_c^2}{n_t+n_c-2}}$$

標準化均數差 d 的變異數 V_d，可按下式計算：

$$V_d=\frac{N}{n_t n_c}+\frac{d^2}{2(N-3.94)}$$

以上列出 2 組合併後的標準差 s_p 的計算公式，m_t 與 m_c、s_t 與 s_c 分別是實驗組及對照組的平均數與標準差，n_t 跟 n_c 分別是實驗組及對照組的樣本數。

2. Hedges & Olkin 之小樣本校正公式：

由於當 $n < 20$ 時，d 值會有高估現象，因此有必要根據各研究的樣本大小予以加權。以下公式是根據 $N = n_t + n_c$ 加以校正的公式。

$$g=d\Big(1-\frac{3}{4N-9}\Big)=\frac{m_t-m_c}{s_p}\Big(1-\frac{3}{4N-9}\Big)$$

使用「標準化」的原因，在於不論使用的尺規爲何，同樣的均數差、同樣的標準差，計算出來的 SMD 會是相同的。

使用 SMD 最大的問題在於，太難解釋了（在臨床上）！因爲尺規不同，加上又是均數差，相較於二元變項（binary）的結果來說，是很難解釋與說明的，比如說，SMD = −0.44，代表的是實驗組相較於對照組，均數差降低 0.44 個「標準差」，這就是 SMD 不易理解之處。

加權均數差（Weighted Mean Difference, WMD）可簡單地理解爲兩平均數的差值。即

$$d = m_t - m_c$$

加權均數差 d 的變異數 V_d，可按下式計算：

$$V_d = \frac{(n_t - 1)s_t^2 + (n_c - 1)s_c^2}{n_t + n_c - 2} \frac{n_t n_c}{n_t + n_c}$$

加權均數差是以試驗原有的測量單位，眞實地反映了試驗效果量，消除了絕對值大小對結果的影響，在實際應用時，該指標容易被理解和解釋。

SMD 可簡單地理解爲兩均數的差值再除以合併標準差的商，它不僅消除了某研究的絕對值大小的影響，還消除了測量單位對結果的影響。因此，該指標尤其適用於單位不同或均數相差較大的數值資料分析。但是，SMD 是一個沒有單位的值，因而，對 SMD 分析的結果解釋要愼重。

1.18　固定效果模式

固定效果模式（fixed effects model）是假定所有研究的母體均相同；只有在抽樣時所發生的偶然誤差才是研究間之變異的原因。真正的效果想成是共通的。

因為假定研究間的變異不存在，故所統合的信賴區間即變窄，而會有過大評論之嫌。沒有異質性（均質）時，與隨機效果模式的結果是相同的，並變成樣本數大的研究受到重視的結果。

固定效果模式在所收集的研究範圍之中被認為是最適合效果判定的。

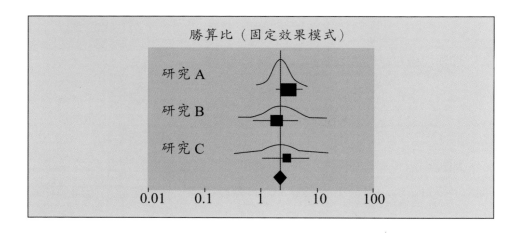

假定研究 A、研究 B、研究 C 均是在單一民族中所進行的藥劑效果的研究，是以完全相同的方法試驗藥劑的結果，變異只有抽樣帶來的誤差而已。在此三組中，評估此藥劑是否有效是合適的。藥劑的效果也許不同，但對其他民族適配此結果，即有不合理之處。

1.19　固定效果模式的統計方法

　　固定效果模式是假設所有的研究都有一個共通的眞實效果（true effect），而每篇論文所觀察到的效果稱爲觀察效果（observed effect），每篇論文的觀察效果之所以不同，乃是導因於抽樣誤差（sampling error）（因爲每篇論文的病人群不同、年齡分布不同、藥劑使用量不同，或是追蹤時間不同等）。由於我們假設這些論文都有相同的眞實效果，因此當每篇論文的病人數目如果能增加到無限大時，則觀察效果會等於眞實效果。在此以下圖爲例，假設有三個研究列入整合分析的研究（●：眞實效果，■：觀察效果），從下圖中可以看出三個研究的眞實效果都是 0.6，但是我們所觀察到的效果卻是研究一：0.4；研究二：0.7；研究三：0.5，因此可以看出對於每個研究的觀察效果 Y_i 可以表示如下：

$$Y_i = 眞實效果 + 誤差 \left(Y_i = \text{true effect } (\theta) + \text{error } (\varepsilon_i) \right) \quad 。$$

　　由於在固定效果模式中我們會爲每篇研究給予一個權值（weight），公式如下：

$$W_i = \frac{1}{V_{Y_i}} \quad \left(V_{Y_i}：\text{within-study variance} \right)$$

　　接著，就可以算出加權平均綜合效果量（weighted mean of summary effect size, M）以及綜合效果變異量（variance of the summary effect, V_M），公式分別表示如下：

$$M = \frac{\sum_{i=1}^{k} W_i Y_i}{\sum_{i=1}^{k} W_i} \, ,$$

$$V_M = \frac{1}{\sum_{i=1}^{k} W_i}$$

　　而 95% 信賴區間為 $M \pm 1.96 \cdot SE_M$。最後用 Z-value 來檢測虛無假設：真實效果是否為 0（$Z\,value = M/SE_M$）。單尾檢定統計量 $P = 1 - \Phi(\pm|Z|)$；而雙尾檢定量為 $P = 2\,[1 - \Phi(\pm|Z|)]$，$\Phi(Z)$ 代表標準累積分配（standard normal cumulative distribution）。

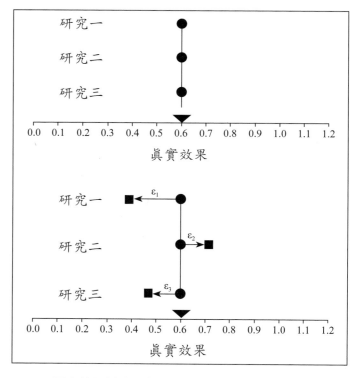

固定效果模式：觀察效果＝真實效果＋誤差

1.20　隨機效果模式

隨機效果模式（random effects model）是假定要統合之研究其母體是不同的。研究間的變異，可以想成是抽樣中的偶然誤差與各個研究的偏差兩者所造成。因爲除了抽樣的誤差外，也考慮研究間的變異，因此信賴區間比固定效果模式還寬。儘管是樣本數大的研究，偏離整體的結果也被輕微的處理，即使是有異質性（無均質性）的研究，數據也能統合。所得到的結果是表示概括性母體的性質，適合於預估將來的治療或介入的效果。

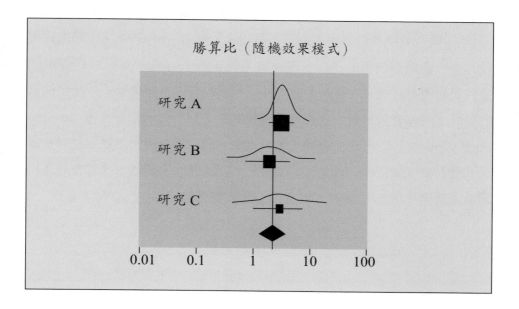

想要統合 A 國、B 國、C 國中的試驗。因爲民族的不同、語言的不同、習慣的不同等理由，即使以相同的研究計畫書（protocol）進行試驗，變異仍無法避免。因假定各試驗的母體與所統合之母體不同，因此所統合的結果其信賴區間變寬，在統計上難以出現顯著差。

1.21 隨機效果模式的統計方法

　　隨機效果模式的假設是每篇研究的眞實效果都不同（因爲每篇論文的病人群不同、年齡分布不同、藥劑使用量不同或是追蹤時間不同等），這些因子的不同進而造成了每篇論文的眞實效果不同，我們可以從下圖看出隨機效果模式的概念。假設有三個研究，此三個研究的觀察效果和上述的固定效果模式都一樣：研究一：0.4；研究二：0.7；研究三：0.5。

　　列舉研究三爲例：研究三的眞實效果 = 0.5，而 μ = 眞實效果平均數（grand mean of true effects），η = 眞實效果變異量（true variation in effect size），所以就隨機效果模式而言，可以表示爲 $Y_i = \mu + \eta_i + \varepsilon_i$。在隨機效果模式中，我們要測量的是所有眞實效果的整體平均值，而 95% 信賴區間是代表我們對這個平均值的不確定性；相對的在固定效果模式中所預測量的是眞正的眞實效果量。在固定效果模式中，只有研究內變異量（within-study variation）V_{Y_i}，而在隨機效果模式中，則同時有研究內變異量以及研究間變異量（between study variation）。在隨機效果模式一樣也會計算每篇論文權值（W_i^*），其中 τ^2 就是指研究間變異量。

$$W_i^* = \frac{1}{V_{Y_i}^*}$$

$$V_{Y_i}^* = V_{Y_i} + \tau^2$$

　　接著，就可以計算全部論文的加權平均綜合效果爲

$$M^* = \frac{\sum_{i=1}^{k} W_i^* Y_i}{\sum_{i=1}^{k} W_i^*}$$

而綜合效果變異量為

$$V^*_M = \frac{1}{\sum^k_{i=1} W^*_i}$$

而綜合效果標準誤是

$$SE_{M^*} = \sqrt{V_{M^*}}$$

　　95% 信賴區間為 $M^* \pm 1.96 \cdot SE_{M^*}$。最後用 Z- 值來檢測虛無假設：真實效果為 0（$Z = M^*/SE_{M^*}$）。單尾檢定統計量 $P = 1 - \Phi(\pm|Z|)$；而雙尾檢定量為 $P = 2 \cdot [1 - \Phi(|Z|)]$，$\Phi(Z)$ 代表標準累積分配。想查此函數的統計值可以查統計書籍，或是利用 Excel 的函數公式 = NORMSDIST (Z)。

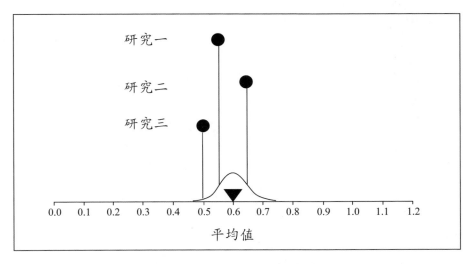

隨機效果模式（每篇研究的真實效果都不同）

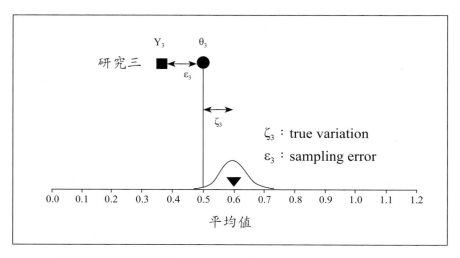

隨機效果模式的變異量＝研究間變異量＋研究內變異量

---

* 資料來源：台北榮總醫院莊其穆醫師發表於台灣醫界（2011, Vol.54, No.2）

1.22　固定效果模式和隨機效果模式的區別

　　在前面已經解釋過，固定效果模式是將所有論文的眞實效果視爲相同，而隨機效果模式則將所有論文的眞實效果視爲不同。固定效果模式會根據每篇論文的病人數目給予不同的權值，一篇論文的病人數目越大，則給予的權值就越大，而病人數目少的研究則因它提供的訊息相對較差，所以就會給予較小的權值。

　　然而在隨機效果模式中，由於每篇研究都有其獨特性，因此不能單以病人數目多寡大小來衡量權值。以下試舉相同的一篇整合分析研究就可以看出固定效果模式和隨機效果模式的不同之處。以下的圖一是用固定效果模式進行的分析，可以看出每篇研究的黑色方格面積不盡相同，但是同樣的這些論文如果是用隨機效果模式來分析，可以看出黑色方格大小的差異性減少了（研究 4 的相對權值由 39% 降到 23%），因此可以看出圖二隨機效果模式會將小型研究的權值調升。

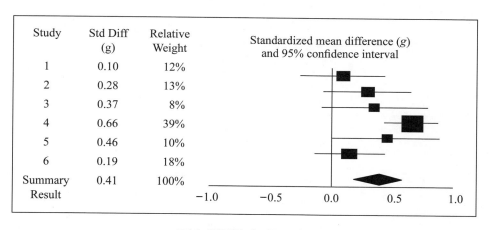

固定效果模式（圖一）

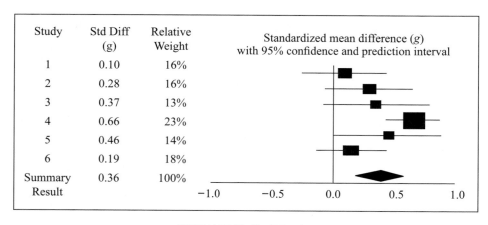

隨機效果模式（圖二）

1.23　如何選擇固定效果模式或是隨機效果模式來分析

　　目前認爲如果卡方檢定沒有異質性的問題，就使用固定效果模式來計算，而如果存在有異質性的問題，則使用隨機效果模式來計算合併效果，這其實是個不正確的觀念。正確的觀念是：即使是沒有存在異質性，如果研究者認爲研究彼此之間仍存在有異質性時，仍可以使用隨機效果模式；而相對的，如果統計發現有明顯異質性時，則當然考慮使用隨機效果模式，或者是進行敏感度分析，將不合適的論文剔除之後，再重新分析。

　　另外，研究者也要提醒自己，一旦出現異質性時，這些研究是否可合併？如果不能合併，那麼就應該試著排除一些論文後，再試著分析，另外一個要思考的就是，如果這小型的研究資料無法合併時，此時就應該要執行大規模的研究，以釐清這個問題。下表是顯示固定效果模式與隨機效果模式之比較。

固定效果模式與隨機效果模式的比較

差異	固定效果模式 （fixed-effect model）	隨機效果模式 （random-effect model）
概念	假定此模式是各個研究結果受偶然的影響而有不同，只有一個介入效果，也稱爲母數效果模式。	假定各個研究中的問題設定是不同的，具有類似問題設定的研究形成密切關連的一群。各個研究被視爲是與某問題有關的所有研究所隨機抽出的樣本。
各研究效果的變異	假定所有研究中效果大小的變異原因只有偶然誤差，所有研究中眞正效果的大小是共同的。	假定所有研究中效果大小的變異原因是偶然誤差與各研究的偏差。

差異	固定效果模式 （fixed-effect model）	隨機效果模式 （random-effect model）
分析的適合性	分析適用於「所收集的研究有介入（治療等）的效果嗎？」。 因爲本模式忽略原本應該存在的各研究的偏差，統合數據的母體近乎是各研究的母體相加。	分析適用於「將來有介入（治療等）的效果嗎？」。 因爲本模式是加入偏差，統合數據的母體假定是更總括性的母體。
研究內、研究間變異	只有研究內變異反映在統合的數據中。	研究內變異、研究間變異兩者均反映在統合的數據中。
研究的均質性	統合無均質性的研究時，將它們藉由對比所得到的資訊會喪失。樣本數大的研究變異變小，其結果被視爲重要。	因加入研究間變異，統合無均質性的研究數據是可行的。儘管樣本數大，偏離整體的結果仍被輕微處理，與樣本數少的研究同樣處理。
所統合的信賴區間	由固定效果模式所算出的信賴區間容易比各個研究中的治療效果小，容易過大評估。	隨機效果模式比固定效果模式有更寬的信賴區間，統計上變成顯著的可能性變低。因此是較爲保守的方法，雖導出慎重的統合結果，但檢定力低。
方法	・Mantel-Haenzel 法是解析比（OR, RR），只是 2×2 分割表的提示數據而已，交絡因子是忽略的。 ・Peto 法：Peto 勝算比是勝算比的近似值，無法以 2×2 分割表顯示的研究結果不排除是不行的，因此有可能發生偏誤。Peto 法適用於隨機分派的 RCT，未能保持平衡的觀察研究不應進行統合。	・DerSimonian-Laired 法：在無均質性的研究中，所有類型的差與比都能解析。 ・Restricted maximum likelihood method 或 Bayesian method：統合研究間變異大的研究效果，此等方法比 D-L 法更適合。兩者均能適用的數據形式，與 general variance-based method 相同，是 2×2 分割表所提示的數據與值的差所表示的數據。

差異	固定效果模式 （fixed-effect model）	隨機效果模式 （random-effect model）
	·General variance-based method：是所有類型的比與差，亦即，不僅是 2×2 表的數據，均數差、標準化均數差也能統合，缺點是會忽略交絡因子。	

資料來源：丹後俊郎（メタアナリシス入門，2002 年）

1.24 森林圖

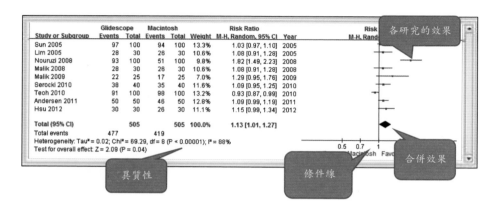

森林圖（forest plot）是綜合性顯示整合分析具有獨特性的一種表。每一行依序顯示各個研究的病例數、效果量、信賴區間、權值之比率，於右側顯示森林圖。最下行顯示所合併的效果量（pooled results）。左下顯示異質性的檢定結果。

■ 的大小是表示各研究的大小（權值）。

■ 的中央表示效果量的點估計。

──── 的長度是表示信賴區間。

◆ 的中央是表示所統合的效果量。

◆ 的左右端是表示信賴區間。

基準線（null line）：信賴區間跨越此線即不顯著。均數差是以 0 為條件，風險比或勝算比是以 1 為條件。

1.25 　異質性

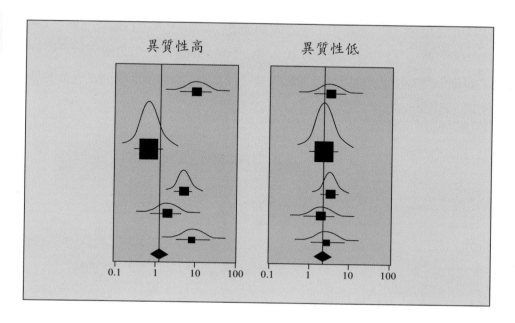

整合分析之結果的變異稱爲異質性（heterogeneity），與所統合之效果量的估計值的可靠性有關係。異質性高，與數據整合的可靠性低或不適切性有關。相反地，異質性低，意指所收集的研究均爲均質，所統合之結果其可靠性高。可以以統計學的方式檢定異質性的程度。

左方是各研究的效果量有甚大的變異，呈現異質性高的狀態；顯示研究對象或方法有相異的可能性。右方是各研究的效果量集中在較爲狹窄的範圍中，異質性低的狀態與同質性（homogeneity）高是相同的；被認爲是所統合的結果接近眞值。

想要分析各論文間是否有很大的異質性，可以用卡方異質性檢定（chi-square test for heterogeneity, Cochrane Q test）統計法來分析。分析異質性的目的是要看個別論文的效果和綜合性效果是否有極大的差異性，通

常 p 值＜0.1，就可判定這些論文間存在有明顯的異質性。

異質性的原因來自於：(1) 不同的病人群研究（patient population studies），(2) 治療方法（interventions used），(3) 附加治療（co-interventions），(4)結果評估方式（outcomes measured），(5)研究設計不同（different study design features），(6) 研究品質（study quality），(7) 隨機誤差（random error）。

1.26　異質性的統計評量

1. Cochrane 的統計量 Q

Cochrane 的統計量 Q 愈大，異質性愈高；但若愈小時，即判定為均質。此值受到所統合之研究數目的影響。數目少時，檢出力變弱，即使有異質性，有時判定為均質。研究的數目少時，將顯著水準從 5% 變成 10% 來判斷。相反地，數目多時，雖無異質性卻有時判定為異質。另外，Cochrane 的統計量 Q 無法定量性地判定異質性的程度。

Q（χ^2 檢定）	
無顯著差	均質
有顯著差	異質

2. I^2 統計量

I^2 統計量不易受研究個數與指標所左右，因為值的範圍容易理解，因此受到喜歡。從 Cochrane 統計量 Q 減去自由度後，再以 100% 表示，負值看成 0。

I^2	異質性
0〜25%	低
25〜50%	中
50〜75%	高
75〜100%	非常高

I^2 的指標如下：

$$I^2 = \begin{cases} \dfrac{Q - (k-1)}{Q} \times 100\% \ (Q > (k-1)) \\ 0 \ (Q \leq (k-1)) \end{cases}$$

當 Q 統計量比自由度小時，I^2 內定為 0，亦即 I^2 不能為負。

1.27　概念的異質性

1. 蘋果與橘子的問題

這是將蘋果的研究與橘子的研究放在一起的想法。亦即，統合性質不同的研究有何意義的問題。與實驗室進行的科學研究不同，臨床試驗無微不至地以同一條件進行是屬困難的範疇。統合數個研究時，病例數或研究品質之不同，以統計處理修正變異，儘管少許仍接近真值的作法即為整合分析。可是，為了求出結果，統合了不同概念之數個研究的情形是有的（概念的異質性（concept heterogeneity））；這是研究概念過於廣泛。查明研究的目的之後，收集符合其目的之高品質的研究論文是很重要的。

2. 次群組分析（Subgroup analysis）

各研究的概念即使相同，因個別要因而潛藏著某種程度上的差異。譬如像是受試者的不同，以及研究設計、用量、用法等之各式各樣。隨機效果模式是將這些要因一併處理，如果對各個要因能獨立檢討時，各個要因的影響與差異即可明確。

按被認為有影響的要因來分類研究，再作出同質的次群組。研究的數目雖變少，但形成更均質的群組，可以估計該要因的影響。可是，此方法當製作次群組時，偶然或偏差介入的情形也有，因此在解釋上需要注意。另一方面，檢討數個要因之影響的方法稱為整合迴歸分析（meta-regression analysis）。綜合這些稱為敏感度分析（sensitivity analysis），為了檢討研究之選擇條件的影響，或調查結論的頑健性而使用，此外，RevMan 並未提供整合迴歸分析的計算。

1.28 發表偏誤

所謂發表偏差（publication bias）是當發表研究時，「正」的結果比「負」的結果容易出現的現象。

病例數的大小與效果有無之關係

研究 A：病例數多有效果	效果 B：病例數多無效果
研究 C：病例數少有效果	效果 D：病例數少無效果

研究 A 是樣本數大、有效的結果，讀者有興趣的，雜誌的編輯在刊載上也顯得積極。

研究 D 因為樣本數小，而且是負的結果，是相當不易被發表的研究。因為違反期待無法得出「有效果」的結果，而不加以發表，數據被放置在抽屜的狀態，也就被稱為文件抽屜問題（file-drawer problem）。基於編輯也好、讀者也好，難以感興趣之理由，因此「負面數據（negative data）」或許不被刊載。

如只是蒐集已被發表的研究，有可能不會包含負面的結果。所統合的估計值在正的方向中會帶有偏誤。

發表偏誤是以漏斗圖（funnel plot）來評估。漏斗圖的形狀是否左右對稱，可判定發表偏誤的有無。

1.29　各種偏誤

在研究之設計與實施過程中，凡是會使數據（data）或結論朝向（toward）或偏離眞實（against truth）之任何因素稱之爲偏誤。如果在研究之設計與實施過程中，忽略可預期之偏誤因素會使此研究之內在效度降低。

1. 語言偏誤（English language bias）

英語是世界的共同語言。重要的研究以英語發表是通例。英語系的研究者是不成問題的，非英語系的研究者又是如何呢？ 也持有此種想法者，即顯著的結果則以英語發表，不顯著的結果則以本國語發表。

2. 資料庫偏誤（Location biases）

客觀地收集文獻可利用資料庫（data base）檢索關鍵字。誰都可以收集有重現性的文獻，可是資料庫中所有的研究不一定會被登錄，而且研究者能利用的資料庫也有限制。

3. 引用偏誤（ Citation bias）

當尋找文獻時，以關聯論文的文獻一覽表作爲參考的情形也有。著者隨意作成文獻一覽表的情形也有。另外，影響係數（Impact factor）高的學術刊物，被引用的次數會較高。

4. 選擇偏誤（ Selection bias）

收集文獻或在選擇的過程中，因某種的偏誤而介入的可能性也是有的。若是有隨意的情事，當然也會有潛在性無意識的情事。事先明確決定好取捨選擇的條件（選入／除外條件）。

5. 發表偏誤（Publication bias）

所謂的出版偏誤即爲在大多數狀況下，研究人員總會傾向將有正向效果的文章發表，而負向效果的文章則不加以發表；就另一方面而言，或是

期刊的編輯也傾向接受有正向效果的文章，而造成具負向效果或無明顯效果的文章不易為人所知；這就形成了在收集文獻時，某些應存在的研究結果不易被發現。

6. 多重發表偏誤（Multiple publication bias）

在多設施共同研究中，將數據的一部分切離，以各個設施加以發表的可能性是有的。

註 1 **Impact Factor（IF）：期刊影響係數**

期刊影響係數是指該刊前兩年發表的文獻在當年的平均被引用次數。刊物的影響係數越高，表示刊載的文獻被引用率越高，代表這些文獻報導的研究成果影響力大，反映出該刊物的高學術水準。學術論文作者可根據期刊的影響係數排名，決定投稿方向。

註 2 **整合分析與出版偏誤**

整合分析的統計方法並不在乎收集到研究的品質：若以品質差的研究進行整合分析，只會合計出不佳的結果（garbage in, garbage out）。所以在進行統計分析之前會先評價收集研究的品質，排除不良的研究後再就剩下可用的研究進行結合。

整合分析的另一個缺點，是收集的研究多數以搜查文獻資料庫（如 PubMed、Web of Knowledge）獲得，但這些資料庫只會收錄已經發表的研究，因此，整合分析很少整合未發表的研究。有證據證明未發表的研究不能被期刊接受的原因，是該研究發現研究結果不顯著，然而發現研究結果顯著的研究卻能發表及收錄在整合分析中，這會令整合分析結果出現統計上的偏誤（bias）。然而這個缺點也正是整合分析的優點。在整合分析的標準步驟中，包含了已發表研究之偏誤分析（publication bias analysis）。相反地，在傳統敘述性的文獻回顧中，缺乏系統化的方法以檢視已發表研

究之偏誤。

　　一般在整合分析中，常見檢驗收集到的文獻中是否有出版偏誤的方式為畫出漏斗圖（funnel plot），亦即以視覺化的方式來呈現正向效果以及負向效果的文獻是否如同漏斗形一樣對稱，如果是，則代表無出版偏誤。對於出版偏誤的現象應從根本來避免，最好的方式是從擬定嚴謹的收集文獻方法開始，儘量不讓出版偏誤發生。

1.30　報導偏誤的影響

　　整合分析的研究結果絕非是完全值得信賴的，有很多的整合分析忽略了偏誤（bias）的存在。由於整合分析的分析絕非盡善盡美，因此也有許多研究指出整合分析的缺失。如下圖的整合分析研究就指出，尚未發表研究結果會低估約 10% 的治療效果；而非英語系的論文會高估約 12% 的治療效果；而非 Medline index 的論文則會高估約 5% 的治療效果。此外，如果所列入的論文含有不足夠或不明的治療分派保密（concealment of allocation）時，則會高估 30% 的治療效果，而沒有雙盲的研究會比有雙盲的研究高估了 15% 的治療效果（參見下圖）。

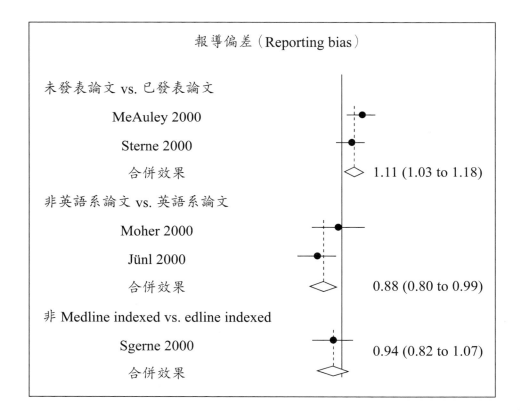

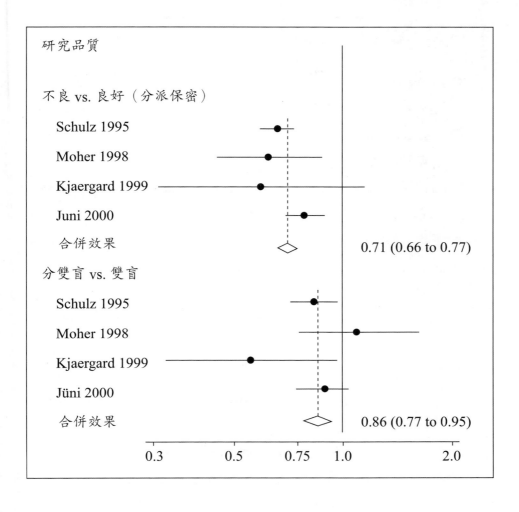

1.31 風險偏誤的顯示

Cochrane 推薦的風險偏誤（Risk of bias, ROB）評價有以下幾種：

1. 隨機序列生成（選擇性偏誤）：Random sequence generation（selection bias）

   分派的方式是否適切產生？

2. 分派保密（選擇性偏誤）：Allocation concealment（selection bias）

   患者、調查者的分派是否充分被隱藏？

3. 參與者與人員的盲檢化（性能偏誤）：Blinding of participants and personnel（performance bias）

   患者、介入者、評價者是否盲檢化？

4. 結果評價的盲檢化（檢測偏誤）：Blinding of outcome assessment（detection bias）

   結果評價是否盲檢化？

5. 不完整的評價結果數據（耗損偏誤）：Incomplete outcome data（attrition bias）

   對不完整的評價結果數據是否適切處置？

6. 選擇報告（報告偏誤）：Selection reporting（reporting bias）

   是否針對要報告的成果加以報告（選出的成果報告有無被質疑）？

7. 其他偏見：Others bias

   就其他而言，有無可能成為風險偏誤者？

ROB 評價之注意事項：

⑴ 對於每個評價結果（outcome）跨越數個研究（across studies），就要評價 ROB。

⑵ 各研究的 ROB 評價取決於評價結果而有不同。

⑶ 主要基準的多少 % 是高風險呢？並無劃一的判定。

⑷ 評估的重點要記載於註腳中。

各個研究的 ROB 評價按項目別圖示即為 ROB summary，按 ROB 項目別以多少 % 圖示數個研究的評價稱為 ROB graph。

使用 RevMan 系統時，在 ROB summary 方面，有一項根據領域之評價工具（a domain-based evaluation tool），以「＋」表示風險偏誤低（low risk of bias），以「－」表示風險偏誤高（high risk of bias），以「？」表示偏誤風險不明（unclear risk of bias）等來進行評估。

ROB   Within study

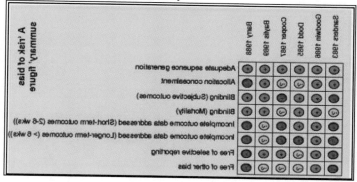

ROB Across studies

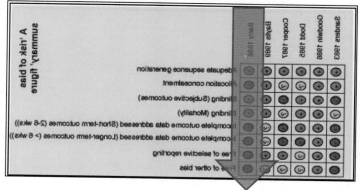

　　針對某個評價結果將有關個別研究（橫方向）的 ROB 表，按縱方向（以 8 個領域項目為主體）使用 % 表示，評估「全盤研究」的 ROB。

　　在 ROB graph 方面，以綠色表示風險偏誤低，以紅色表示風險偏誤高，以黃色表示偏誤風險不明等來進行評估。

　　在全盤研究方面，要如何判定 ROB？單純地使用綠色 % 的比率，是無法判斷 low、high、unclear。理由是評價項目的重要性因評價結果的種類而有不同，或者考察各研究對整合分析的貢獻程度（樣本大小或事件數），同樣地求出 % 是不適切的。

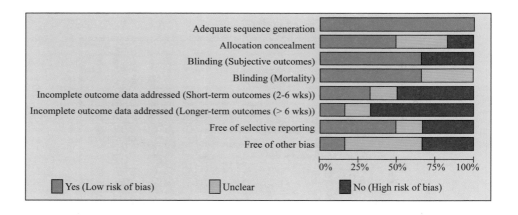

　　在系統性文獻回顧中，有關某個評價結果的 ROB 評價，是需要 2 次評價，即個別研究（within study）以及在整合分析中所涵蓋的全盤研究（across studies）。

1.32　漏斗圖

　　漏斗圖（funnel plot）是狀似漏斗故而得名。漏斗圖的橫軸是取風險比或勝算比等的效果量，縱軸取自樣本數，樣本數是表示效果量的精確度。

　　樣本數愈大，估計值愈接近眞值，變異變小。亦即，可以想成是精確度高。效果量是在眞值的附近分佈著。樣本數少時，估計值即偏離眞值，效果量的變異大，寬幅地分佈著。如果無發表偏誤，此效果量與精確度的圖形是倒立的漏斗，形成左右對稱的兩等邊三角形。

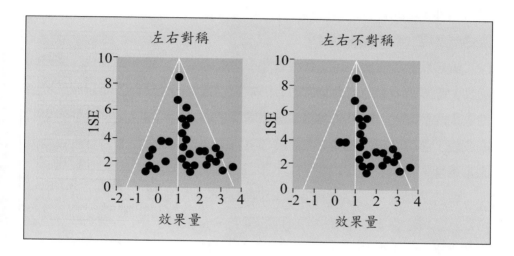

　　左方是近似左右對稱的兩等邊三角形，可以判定無發表偏誤。右方是只對已發表的研究加以製作的漏斗圖；不能說是左右對稱的三角形，可以判定有發表偏誤。病例數少所以變異大，而且有可能效果小的未被發表。

　　樣本數足夠，漏斗圖在視覺上明顯的可以判定左右對稱；相反地，判定不對稱也是可以的，但當樣本數少時，有時視覺判定是困難的。此時，以 Egger 等的迴歸法或 Begg 等的 Kendall 順位相關係數來檢定。成為整合分析對象的研究一般數目較少，因此檢定力弱，將顯著水準設定成 10%。

1.33 敏感度分析

　　僅由單一的隨機對照試驗的結果來下結論是一種比較危險的行為，萬一這個結果有隨機錯誤（error by chance）時，我們就有可能對某個醫學議題造成誤判。相對的，整合分析可以提供較客觀的整合分析結果，對於不合適的研究也可藉由敏感度分析（sensitivity analysis）將其剔除，而使分析結果更正確。

　　整合分析和隨機對照試驗為何有時會有不同的結果，原因就是在於隨機對照實驗之間會有異質性的存在，在進行整合分析時有可能會讓特定族群過度呈現（over-presented）。

　　敏感度分析主要的目的是將某些不合適的論文（例如壁報或品質差的論文）刪除後，看看剩餘論文的合併效果是否會因此更改，藉以測試綜合性效果的穩定度。如果某篇論文被刪除後，造成剩餘論文的綜合性效果明顯改變，那麼就應該在論文的討論部分說明此篇論文對於整體綜合性效果的重要性。

　　整合分析研究方法的問世帶給醫學界很大的衝擊，雖然此研究方法可以為某特定醫學主題帶來系統性的研究，而且也應用了客觀的統計法來計算合併效果，然而整合分析結果的可信度是取決於所選取論文的研究品質。如果所選取的論文品質是差的，那麼整合分析的品質當然也就差。我們在閱讀任何一篇論文時，都應該要有能力來分析出該篇論文的品質好壞，而非只是無條件的全然接受論文的研究結果。

　　因此，我們在看一篇整合分析的論文時，一定要注意所選取論文的研究種類、品質和訊息強度。

1.34　RevMan 軟體簡介

這是 Cochrane Collaboration 機構所準備與維護系統性文獻回顧的軟體，其之所以稱爲「Cochrane Review」，是因爲它必須被收錄於 Cochrane 母庫（Parent Database）中，從中可以進入研究方案、綜述全文，當然此軟體亦可執行整合分析。

The Cochrane Collaboration 開發的 RevMan，對於標準化均數差效果量的計算僅限於較簡易的統計量，早期的 RevMan 軟體是爲了想要投稿 Cochrane 官方期刊 Cochrane Library of Systematic Reviews 的作者所發展的統計工具。

Review Manager 軟體的衡量效果指標及統計方法，包括：

· Peto Odds Ratio（Peto OR）：二元變數，只用於固定效果模式。

· Odds Ratio（OR）：二元變數，用於固定效果與隨機效果模式。

· Relative Risk（RR）：二元變數，用於固定效果與隨機效果模式。

· Risk Difference（RD）：二元變數，用於固定效果與隨機效果模式。

· Weighted Mean Difference（WMD）：連續變數，用於固定效果與隨機效果模式。

· Standardized Mean Difference（SMD）：連續變數，用於固定效果與隨機效果模式。

· Fixes effect model：使用 Mantel-Haenszel 方法。

· Random effects model：使用 DerSimonian-Laird 方法。

RevMan 可進行眾多個別文獻是否有風險偏誤，亦可進行數據整理與森林圖及漏斗圖。爲了提供醫界較複雜的臨床問題，它也提供各種不同研究設計之統計結果（outcome），包括連續變數（Continuous）、二元變數（Dichotomous）之存活分析（即個案追蹤期間不完整，以時間長短爲變數）。

常用 Meta 分析軟體的比較

軟體	URL 網址	作業系統	版權	試用版	附註
RevMan	http://tech.cochrane.org/revman/download	W/M/L	？	有	免費軟體，由撰寫 Cochrane 手冊的基金會提供，大部分 Meta-Analysis 需要的功能都有，但是無法進行 Meta Regression 分析。
CMA	http://www.meta-analysis.com/	W	有版權	有	功能齊全，但價格昂貴，提供有不同的資料輸入格式，只要依照原研究的格式輸入，便能自動輸出 Meta Analysis 的數據。

W：Windows，M：Mac，L：Linux。

註 1　RevMan 軟體下載網址：

http://tech.cochrane.org/revman/download

http://archie.cochrane.org

註 2

　　目前常用的 Meta 分析軟體大抵可分爲兩種，編程軟體和非編程軟體。其中好評如潮的 Stata 和 R 軟體均屬於編程軟體，這類軟體的優點在於其開放式的編程環境，意味著會有不少統計學家爲它們量身打造各種優秀的可用於 Meta 分析的擴展包。作爲終端用戶只需要在網路上搜尋這些擴展包，就可以直接坐享其成；當然，使用者也必須對軟體的基本模塊和命令有一定的了解。另一類非編程軟體，如 RevMan 和 Comprehenaive Meta Analysis 都屬於 Meta 分析專用軟體，這類軟體多來源於官方，易於操作、介面簡潔友好，操作性更高，但其分析模式和功能相對更爲固定。

　　RevMan 是所有 Meta 分析軟體中唯一可與 GRADEprofile 軟體相互導

入進行證據等級評級的軟體，也是當前醫學領域應用最廣泛的 Meta 分析軟體。RevMan 軟體中設置了干預措施系統評價、診斷試驗精確性系統評價、方法學評價和系統評價匯總評價 4 類格式，可繪製森林圖及漏斗圖，但不能進行 Meta 迴歸分析、累積 Meta 分析、Begg's 檢定、Egger's 檢定等。

1.35 文獻搜尋資料庫

　　研究文獻的搜尋是整合分析的首要工作，要有效率的收集與主題相關的文獻，首先必須清楚界定研究問題，接著研究者可從以下途徑去搜尋相關文獻。直接向研究者取得、研討會論文集、學術期刊（含電子期刊）、參考書目資料庫（SCI）、Google Scholar 等。以下分成中文與英文的資料庫加以說明。

　　1. 中文部分

　　　⑴ 國家教育研究院〔系統文獻回顧與後設分析〕資料庫

　　　　http://meta.naer.edu.tw/index.php

　　　⑵ 台灣期刊論文索引系統

　　　　http://readopac.ncl.edu.tw/nclJournal/

　　　⑶ HINT 醫藥衛生研究資訊網

　　　　http://www.hint.org.tw/Welcome.html

　　　⑷ 考科藍實證醫學資料庫

　　　　http://clc.nhri.org.tw/admin/clcmainl.aspx

　　　　http://www.cochrane.org/cochrane-reviews

　　2. 英文部分

　　　⑸ SCI 資料庫

　　　　http://www.thomsonscientific.com/cgi-bin/jrnlst/jloptions.cgi？PC=D

　　　⑹ Medline/PubMed 資料庫

　　　　https://www.nlm.nih.gov/

　　Medline 及 PubMed 都是由美國國家醫學圖書館（National Library of Medicine, NLM）所建置，但兩者在本質上有所不同，Medline 是資料庫，PubMed 則是資料庫平台。Medline 資料庫除了可以透過 PubMed 查詢外，

亦有其他不同介面的查詢平台，包括 OVID、EBSCOhost 等，使用者可依個人使用習慣與偏好選擇。

在 Medline 與 PubMed 搜尋到的資料內容有什麼不同呢？Medline 收錄約 5,400 本出版於美國及全球超過 80 個國家的生物醫學期刊索引與摘要，且所有文章均由專業圖書館員加上醫學標題（Medical Subject Headings, MeSH），以協助使用者更精確地找到所需的文章。

至於 PubMed，除了可查找 Medline 收錄的文章外，還可查找下列資訊：

1. 處理中的文章，此類文章尚未由專業館員加上 MeSH，亦尚未收錄於 Medline。
2. 尚未正式發表的期刊文章，此類文章通常是出版社經由電子方式提交給 NLM。
3. 部分尚未更新為近代辭彙，或尚未收錄於 Medline 的 OldMedline 資料。
4. Medline 收錄期刊中，非屬 Medline 收錄範圍的文章，例如板塊構造、天體物理學等基礎科學及基礎化學的文章。惟該期刊若有刊載生命科學相關主題的文章，仍會收錄於 Medline。
5. 非 Medline 收錄的生命科學期刊，若提交電子全文予 PubMedCentral，且經由 NLM 審核過的期刊文章。
6. 美國國家衛生研究院（National Institutes of Health, NIH）資助之研究者所發表的文章。
7. 美國國家生物技術資訊中心（National Center for Biotechnology Information, NCBI）書架上的圖書。

1.36　Peto 勝算比

考察 k 個研究的整合分析。當研究是具有二元評價結果（outcome），每個研究的結果可以表現在 2×2 表（表 1）中，而參與者的人數在 2 組的每一組中係指有過體驗事件與未有過體驗事件的人數（此處稱為實驗組與對照組）。

表 1　二元數據

Study i	事件	無事件	總數
實驗組	a_i	b_i	n_{1i}
對照組	c_i	d_i	n_{2i}

如果評價結果是利用比較觀察值的期望值來分析（例如，使用 Peto 方法或對時間—事件數據的 Log-Rank 分析），則「O-E」統計量與它們的標準差被要求用來執行整合分析。觀察值表示為 $O = a_i$，期望值表示為 $E = (a_i + b_i)(a_i + c_i) / N$。

表 2　(O-E) 與標準差

Study i	(O-E)	(O-E) 的變異數	組數（實驗組）	組數（控制組）
	Z_i	V_i	n_{1i}	n_{2i}

研究 i 在表 1 中，$n_{1i} = a_i + b_i$，$n_{2i} = c_i + d_i$，令 $N_i = n_{1i} + n_{2i}$。

對 Peto 方法來說，個別 Odds ratio 表示為

$$OR = \exp\left\{\frac{Z_i}{V_i}\right\}$$

Odds ratio 的對數具有標準誤

$$SE\{\ln(OR)\} = \sqrt{\frac{1}{V_i}}$$

此處 Z_i 是「O-E」統計量：

$$Z_i = a_i - E[a_i]$$

$$E[a_i] = \frac{n_{1i}(a_i + c_i)}{N_i}$$

（在實驗介入組中事件的期望數）

以及

$$V_i = \frac{n_{1i}\,n_{2i}\,(a_i + c_i)\,(b_i + d_i)}{N_i^2\,(N_i - 1)} \quad (a_i\ 的超幾何變異數)$$

標準誤為 $SE = \sqrt{\dfrac{1}{V_i}}$

1.37　　Mantel-Haenszel 勝算比與風險比

1. Mantel-Haenszel 的綜合勝算比（odds ratio）估計值為

$$OR_{MH} = \frac{\sum W_i OR_i}{W_i}$$

Mantel-Haenszel 的綜合對數勝算比估計值為

$$\ln(OR_{MH}) = \ln\left(\frac{\sum W_i OR_i}{W_i}\right)$$

第 i 個研究的加權值為

$$W_i = \frac{b_i c_i}{N_i}$$

綜合對數勝算比標準誤為

$$SE\{\ln(OR_{MH})\} = \sqrt{\frac{1}{2}\left(\frac{E}{R^2} + \frac{F+G}{RS} + \frac{H}{S^2}\right)}$$

式中，$R = \sum \dfrac{a_i d_i}{N_i}$，$S = \sum \dfrac{b_i c_i}{N_i}$

2. Mantel-Haenszel 的綜合風險比（risk ratio）估計值為

$$RR_{MH} = \frac{\sum W_i RR_i}{W_i}$$

Mantel-Haenszel 的綜合對數風險比估計值為

$$\ln(RR_{MH}) = \ln\left(\frac{\sum W_i RR_i}{W_i}\right)$$

第 i 個研究的加權值為

$$W_i = \frac{c_i(a_i + b_i)}{N_i}$$

綜合對數風險比標準誤為

$$SE\{\ln(RR_{MH})\} = \sqrt{\frac{P}{RS}}$$

式中，$P = \sum \dfrac{n_{1i} n_{2i}(a_i + c_i) - a_i c_i N_i}{N_i}$，$R = \sum \dfrac{a_i n_{2i}}{N_i}$，$S = \sum \dfrac{c_i n_{1i}}{N_i}$

1.38　**DerSimonian and Laird**

　　在整合分析中之隨機效果模式，最早是由 DerSimonian and Laird 所提出來的，他們考慮文獻和文獻間結果的變異（between-study variability）及文獻本身結果變異（within-study variability）作為加權的依據，用加權平均的概念作為合併效果參數的估計量（pooled estimator），這是目前整合分析中最常被使用的傳統方法。若主要推論的共同效果參數為 β，則可從每篇文獻中得到效果參數估計值 Y_i，$(i = 1, 2, \cdots, n)$，n 為最後分析的文獻篇數，也是本文中的樣本數。實際上，Y_i 可以是勝算比或取 log、標準化均數差……等等，視文獻中所呈現的效果參數而定。σ_i^2 為每篇文獻結果的變異，也是文獻效果參數估計值的誤差大小，即衡量文獻 Y_i 之不確定性，為已知數值。若文獻間無法證實存在異質性，則使用固定效用模式（fixed-effect model）：

$$Y_i = \beta_i + \varepsilon_i，\varepsilon_i \sim N(0, \sigma_i^2) \tag{1}$$

其中，ε_i 為服從常態分配之誤差項。

若存在異質性，則使用隨機效用模式（random-effect model）：

$$Y_i = \beta_i + \varepsilon_i，\beta_i = \beta + \eta_i，\eta_i \sim N(0, \tau^2)，\varepsilon_i \sim N(0, \sigma_i^2) \tag{2}$$

其中，β_i 為隨機變數，β 可視為 β_i 之平均效果值，且 η_i 呈現各文獻之效果參數相對於 β 之誤差，τ^2 為文獻間變異程度，並與 ε_i 獨立。因此，$Y_i \sim N(\beta, \sigma_i^2 + \tau^2)$，在樣本數夠大且 σ_i^2 已知下，針對未知參數 (β, τ^2) 進行估計。在傳統的 Dersimonian and Laird 推論下，

$$\hat{\beta}_{DL} = \frac{\sum_{i=1}^{n} \widehat{W}_i Y_i}{\sum_{i=1}^{n} \widehat{W}_i} \; , \; \widehat{W}_i = \frac{1}{\hat{\tau}_{DL}^2} \; , \; \text{Var}\,(\hat{\beta}_{DL}) = (\Sigma_{i=1}^{n} \widehat{W}_i)^{-1}$$

$$\hat{\tau}_{DL}^2 = \max\left\{0, \; \frac{Q - (n-1)}{\sum_{i=1}^{n} \widehat{W}_i - (\Sigma_{i=1}^{n} \widehat{W}_i^2 / \Sigma_{i=1}^{n} \widehat{W}_i)}\right\}$$

$\widehat{W}_i$ 為每篇文獻所貢獻的權重，Q 是進行異質性檢定之檢定統計值。當樣本數夠大時，利用中央極限定理，可得 $\hat{\beta}_{DL}/\sqrt{\text{Var}(\hat{\beta}_{DL})}$ 近似於標準常態分配。不過，在整合分析中，若樣本數很小時（即收集的文獻小於等於 10 篇或 5 篇），此方法的缺點已被提出，亦即效果參數的合併估計量之信賴區間不正確（過短）及檢定時 p 值過低，這樣的缺點會造成偽相關的發生，產生不正確之結論。近來相關的統計學方法研究中，已顯示 DerSimonian and Laird 所提出之傳統方法，在信賴區間及 p 值的估計上具不正確性。為解決此問題，許多統計學者皆提出適當的方法來調整近似不佳的情形，詳情可參見相關書籍。

註

參考文獻：Guolo A and Varin C. Random-effect meta-analysis: the number of studies matters. Stat Methods Med Res, May 7, 2015.

第 2 章　整合分析步驟

本章要點

　　整合分析的基本流程包括六大步驟，分別爲系統性文獻搜尋、效果量的評估、同質性檢定、挑選合適公式用以合併數據、整合結果的呈現、結論的臨床解讀與運用，以下分成 6 節分別敘述各個步驟。

2.1　系統性文獻搜尋

系統性文獻搜尋有下列要點：

1. 建構一個清晰的臨床問題。問題的陳列可透過臨床問題 （problem）、治療或介入方式（intervention）、對照分析 （compare）、分析的評價結果（outcome）四項流程（簡稱 PICO），將臨床問題轉成可回答的問題，例如，「在手術患者的 經口插管方面，Glidescope 與 Macintosh 喉頭鏡對氣管插管的療 效」。

2. 搜尋實證。搜尋相關資料時須列舉搜尋的策略，包括電子搜尋 （electronic search）及手工搜尋（hand search），並清楚列出選取 文獻的選入與排除條件（inclusion and exclusion criteria），例如： 有些回顧性文獻嚴格要求只針對隨機對照試驗（Random Controlled Trials, RCT），此外，年份、語言、受試者類別、是人體試驗或是 動物試驗（human/animal study）、治療方式、追蹤時間的長短以 及所要分析的標的等都要清楚的規範。在分析的標的上，最主要 的分析項目為主要評量（primary assessment），例如：在氣管插 管上，Glidescope 比 Macintosh 喉頭鏡的成功率高。此外，還可以 涵蓋次要的分析項目，稱為次要評量（secondary assessment），例 如：氣管插管困難組與平常呼吸道組的成功率差異。

   電子搜尋文獻時，可利用各大資料庫的醫學專有名詞（medical subject headings, MeSH）以關鍵字加以廣泛的搜尋。為了避免有些 研究因為無統計學上的重要性而被遺漏的情形發生，還須透過手 工檢索一些重要文獻，必要時要去尋找未發表的文章（unpublished papers），甚至進一步與原作者聯繫以取得更完整的原始數據，以 免出現文章發表的偏誤（publication bias）。

對於初步的品質評估也可使用 Jadad 量表，此表又稱爲牛津品質計分系統（Oxford quality scoring system），係依 Alejandro Jadad-Bechara 命名，他曾在牛津大學麻醉學系疼痛緩解單位擔任研究員，此表可用來評估隨機化臨床實驗的研究品質，由於項目簡單易行，受到世界各地研究者的採用。Jadad 量表評定結果爲 0～1、2～3、4～5 分別表示研究品質爲「不佳」、「普通「、「良好」。

Jadad 量表

評估項目	分數	說明
是否隨機分派	2 1 0	詳細說明如何進行隨機分派 提及隨機分派但未說明方式 未採行隨機方式
是否雙盲實驗	2 1 0	具體說明進行雙盲實驗 提及雙盲實驗但未說明方式 使用單盲或未採盲化
對失聯及退出樣本的追蹤	1 0	清楚說明個案退出及失聯原因 未說明個案退出及失聯原因

3. 評估所搜尋到之資料。資料備齊後，至少由兩位相關之專家進行嚴格評讀與挑選，還要透過卡帕分析（Kappa analysis）來檢定不同評估學者之間的一致性。一般被選入的文章基本要有設計完善的實驗組與對照組，如果是隨機的而且雙盲的試驗更好。其中，退出的資料（drop out data）也要進一步統計分析，因爲試驗途中退出的人數越多，將影響此篇文章的貢獻度。

4. 挑選出來的文獻可以使用「文獻搜尋編碼法（research review coding sheet）」來呈現。到底要登錄哪些研究特徵取決於研究問題的焦點。如研究問題的焦點在合併效果量，則研究者只需登錄

效果量與樣本大小就足夠了。若是焦點在於比較效果量在不同研究特徵上的差異性，那麼研究者可能需要登錄效果量、樣本大小、測量特徵、設計特徵、文獻證據等級與來源特徵等所需之變項了。

文獻搜尋編碼法

1. 基本資料
(1) 作者 (2) 篇名 (3) 期刊名 (4) 年份、卷、起始頁～末頁
2. 研究設計
(1) 是雙盲實驗或是非雙盲實驗？ (2) 是隨機試驗或非隨機試驗？ (3) 有控制變數或無控制變數？ (4) 是實驗組 vs. 對照組？ (5) 介入（intervention）的形式？ (6) 母體性質？ (7) 資料性質？連續型或二元型？ (8) 樣本數？ (9) 樣本特性？如男女比率、年齡層分佈、地區 (10) 樣本偏誤？
3. 測量資訊
(1) 研究假設 (2) 依變數 (3) 自變數 (4) 測量工具的信度、效度 (5) 統計方法 (6) 模式界定
4. 分析結果資訊
(1) 接受或拒絕假設？ (2) 自變數有達顯著差異否？

2.2 效果量之評估

由於各個研究測量數據單位不同，必須先進行單位的轉換才能合併分析。在整合分析中，關於共同單位（common metric）有個專有名詞稱爲「效果量」（effect size, ES 或 effect measure），它可以顯示出實驗組與對照組間的差異性，以及治療介入的影響程度和方向。而效果量有許多指數，例如，實驗組與對照組的測量均數差（mean difference, MD），一般是直接將實驗組的數值減去對照組的數值。有時會進一步標準化，將均數差再除以標準差來減少背景的影響。另外，還有勝算比（odds ratio, OR）、卡方值（Chi-square, χ^2）等等。一般進行分析的資料可以分爲兩大類。一種是二元資料（dichotomous data），例如：陽性或陰性；通過或失敗。常用的單位有相對風險度（relative risk 或稱 risk ratio, RR）、風險差（risk difference, RD）、勝算比（odds ratio, OR）等。另一種是連續性資料（continuous data），常用均數差、標準化均數差來表示評估結果。

效果量的評估方式

二元資料	連續性資料
相對風險度、風險差、勝算比等	均數差、標準化均數差

Cohen's d 值是一種沒有測量單位之標準化的效果量指標，因此各種不同測量工具測得的結果均可加以整合與比較。

$d_i = \dfrac{\overline{X}_E - \overline{X}_C}{s_p}$，式中 $\overline{X}_E$、$\overline{X}_C$ 表示試驗組與對照組的平均數。

其併組標準差如下所示：

$$s_p = \sqrt{\dfrac{(N_E - 1)(SD_E)^2 + (N_C - 1)(SD_C)^2}{N_E + N_C - 2}}$$

至於 d 值的抽樣變異數表示爲

$$V_{di} = \frac{N_E + N_C}{N_E N_C} + \frac{d_i^2}{2(N_E + N_C)}$$

V_{di} 的開方即爲該研究之標準誤（SE_{di}），即 $SE_{di} = \sqrt{V_{di}}$

又，平均效果估計值 $\bar{d}$ 表示爲

$$\bar{d} = \frac{\Sigma \dfrac{d}{V_d^2}}{\Sigma \dfrac{1}{V_d^2}}$$

2.3 同質性檢定

在整合分析中，要合併各個研究的數據，各個研究的「同質性」（homogeneity）甚爲重要；研究彼此間一致性高，合併數據的可信度才較高。當轉換爲統一單位後，數據才能合併。在整合分析中，會進行加權與檢定。因爲各研究的樣本數、實驗設計及架構的品質不一，所以影響力不同，倘若簡單地進行效果量的加減會造成誤導。賦予一定的權重進行貢獻度調整，稱作加權值的設定（weighting）。加權值就是變異數的倒數，而變異數就是標準差的平方除以樣本數，因此樣本數越大，或是標準差越小，就會有越大的加權值（參公式 1）。

公式 1：加權值公式

$$W = \frac{1}{V} = \frac{1}{SE^2} = \frac{N}{SD^2}$$

式中 SE 表示標準誤，SD 表示標準差，V 表示變異數。

此外，同質性分析方法有以下兩種，一爲卡方檢定（Chi-Square test），計算實驗間的考克蘭 Q 值（Cochrane Q test），另一種是 I^2 檢測。Q 值計算前必須先提出虛無假設，即假定各研究都表現出相同的結果。簡單來說，就是計算各別研究的效果量與平均效果量的差值，再給予權重（參公式 2）。

公式 2：考克蘭 Q 值計算法及卡方分配的機率值

■ $Q = \Sigma_1^k W_i (Y_i - \overline{Y})^2$，$\overline{Y} = \frac{\Sigma W_i Y_i}{\Sigma W_i}$

式中 W_i 爲各篇文獻的加權值，Y_i 表示各篇文獻的效果量，$\overline{Y}$ 表示平均效果量。

■ 卡方值 χ^2

一般考克蘭 Q 值呈現卡方分配。倘若計算得到的 Q 值大於查表的結

果，也就是落在卡方分配曲線的尾端，機率就會小於 0.05，而推翻虛無假設，表示研究間有異質性（heterogeneity）存在。而異質性的大小可以由 I^2 檢測得知，此由 Higgins 與 Thompson 所提出。其計算公式如下（參公式 3）：

公式 3：異質性量化指標 I^2

$I^2 = \max\left(0, \dfrac{Q - df}{Q}\right)$，式中 df 是自由度，即 $df = k - 1$。

以每 25% 為區隔，等於 0 表示有極佳的一致性，小於等於 25% 表示低度異質性，大於 50% 表示異質性太高，不適合進行統合分析，或是須利用其他的方式進行數據調整，而且要保守的解讀整合分析的結論。舉例來說，在整合分析的總結圖表中（圖一），左下角會說明同質性檢定的結果。在自由度為 7，就是有 8 篇文章的情況下，計算得到 Q 值等於 123.86，經查卡方分配表發現大於 $\chi^2_{0.05} = 9.487$，所以研究間存在有異質性。

公式 4：異質性量化指標 τ^2

τ^2 的計算可採（DerSimonian & Laid, 1986）moment-based 估計法，利用固定效果的 Q 統計量與各研究加權的估計值求得。當 Q 小於 df，τ^2 設定為 0，其計算公式如下（參公式 4）：

$$\tau^2 = \max\left(0, \dfrac{Q - df}{\sum W_i - \dfrac{\sum W_i^2}{\sum W_i}}\right)$$

當 $\tau^2 = 0$ 時，隨機效果模式即簡化為固定效果模式；當 τ^2 接近 0.04 時，表示低異質性；當 τ^2 接近 0.14 時，中度異質性；當 τ^2 等於或大於 0.40 以上時，表示高度異質性（Spiegelhalter, Abrams, & Myles, 2004）。當異質性非常高時，要小心地解讀這個結果。

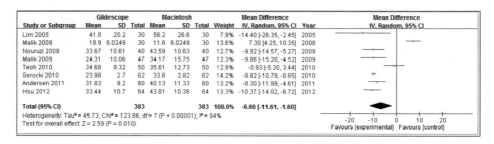

圖一　森林圖

左下角說明同質性檢定的結果 Q 值為 123.86，大於 0.05 的卡方值 9.487，因此研究間存在有異質性。而 I^2 檢測為 94%，異質性非常高。

2.4　挑選合適公式用以合併數據

　　完成重要的兩大步驟後就可以挑選合用的公式合併數據。一般常用的公式有兩種，固定效果模式（fixed effect model）和隨機效果模式（random effect model）。當同質性高時，可套用固定效果模式，只考慮組內差異來給予加權值。有文獻提到，I^2 小於等於 25% 的情況可套用固定效果模式。當異質性太高時，則改用隨機效果模式，加入組間的差異調整權重，所以組間差異越大，加權值所佔的份量越輕。

　　最後的結果，一般除了表示出標準化的效果量，還會計算 95% 信賴區間，其計算方式爲（平均值 ±1.96・標準誤），而且區間範圍表示估計值的精確程度，並可了解眞實的測量值所分佈的範圍。

　　下圖中顯示有 95% 信賴區間（CI）。信賴區間跨越條件線即不顯著。均數差是以 0 爲條件，風險比或勝算比是以 1 爲條件。

Cohen's $\bar{d}$ 之信賴區間的公式爲

$$\text{CI}：\bar{d} \mp 1.96 \cdot SE_d$$

式中 SE_d 表示 Cohen's d 的標準誤。

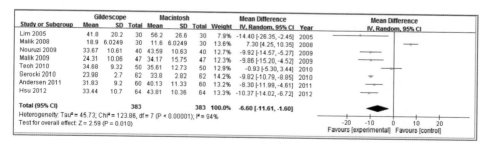

95% 信賴區間（CI）

| 2.5 | 整合結果之呈現 |

整合分析常以圖表做成總結，稱爲森林圖（forest plot）（圖二）。

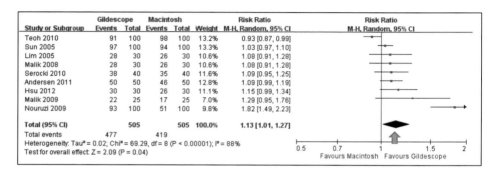

圖二　森林圖

垂直線上的方框和橫軸表示標準化後的平均效果量和 95% 信賴區間。方框的大小與樣本數成正比，也受研究設計影響。菱形圖形（箭頭所指）是統合的結果。橫線與條件線（無效垂直線）比較可得知效果的影響。

　　此整合統計量有幾個閱讀的重點。首先表的左側會列出收錄的文章以及其實驗組、對照組的狀況。舉例來說（圖 2），第一篇 1995 年的文獻，實驗組（Gildescope）有 100 個實例，其中有反應的有 91 例；對照組（Macintosh）則有 100 個實例，有反應的有 98 例。接著根據樣本數大小、實驗設計嚴謹度給予加權值，並檢定同質性。由於 I^2 大於 25%，所以採用隨機效果模式來運算，並以方框和橫線表示標準化後的平均效果值和 95% 信賴區間。方框的大小基本上與樣本數成正比，但也受研究設計的影響。菱形圖形則是統合的結果。此外，橫線須與條件線（zero vertical line）比較，其橫軸刻度有 0 和 1 兩種。舉例來說：

　　當橫軸跨過條件線 0，表示實驗組和對照組其均數差、絕對風險差（absolute risk difference, ARD）、迴歸係數（regression coefficient）等之

95%CI的差值橫跨0值，所以實驗組和對照組的差值並無差異性（圖一）。

　　另外，橫軸跨過條件線1，表示實驗組與對照組其勝算比、相對危險度等的95%CI的比值橫跨1值，即實驗組與對照組的比值並無差異性（圖二）。

　　此外，整合分析還要進行敏感度分析（sensitivity test），就是將各種可能的變因各進行一次整合分析，以瞭解該變因進行調整所產生的效果。例如，將某一干擾的變因抽掉，以了解如果不對此變因進行調整，對整個整合分析的影響會有多大。如果差異不大，表示該干擾效果在整合分析中並不敏感，則可以對此整合分析的結果更有信心。

2.6 結論的臨床解讀與運用

　　最後整理出結論以供訂定治療計畫或醫療決策的參考。不過，當異質性較高時，則必須保守的解讀。透過上述的各個步驟，因為統合而有大量的樣本數以增加治療介入的影響度，並以了解研究間的變化性。

　　原則上如果出現了異質性，則不要先急著作整合分析，而是應該找出可能的原因，或是看看有那幾篇論文造成了異質性的產生，必要時可以再重新評估，將某些論文刪除後，再重新計算異質性的統計值。

　　當我們遇到欲選取的論文存在有明顯的異質性時，目前有兩種方法解決：

1. 次群組分析（subgroup-analysis）：也就是將欲選取的論文找出具有明顯類別的變項，按照此變項的層次分別作整合分析。因此就可能產生兩個或三個的森林圖。

2. 整合迴歸分析（meta-regression）：原則上如果總論文數小於 10 篇以下，則不要進行統合性迴歸分析。統合性迴歸分析的目的是在將某些變數當作共變數（covariates）去探索有哪幾個變項會造成異質性。

將以上各步驟的重點以摘要表的方式整理如下。

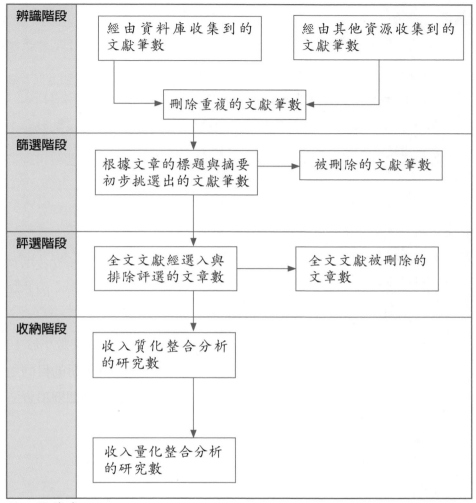

註：摘錄自 Moher etc. (2009). Prefered reporting items for systematic reviews and Meta-analysis :The PRISMA statement. PloS Med ,6(6)

註 1

　　本章係取材自李宛柔、林怡君、于耀華、賴玉玲所發表於牙醫學雜誌（J Den Sci）29-2,63-68,2009，有興趣的讀者可上網查詢：

　　http://homepage.vghtpe.gov.tw/~dent/PDF/JoDVol29-2/JoDV29-2-11.pdf

　　又，本章已略將原文中的統計方法加筆補充，並且所用的圖例也改成本書使用之 RevMan 軟體所得出的圖例加以說明。

註 2

　　整合迴歸分析可以同時一次分析多個類別或連續性的因素。它的分析單位爲各研究，依變項爲效果量，預測變項爲研究層次的變項。當調節變項爲連續性時，使用線性迴歸；當調節變項爲間斷性時，使用 Logistic 迴歸。利用迴歸的方式來探討調節變項的解釋能力。以 OR 爲例，其迴歸模式可表示爲：

$$\ln OR = a + b_1 X_1 + b_2 X_2，式中 X_1、X_2 爲研究層次的變項$$

註 3

　　RevMan 軟體並未提供整合迴歸分析的功能。

第 3 章　整合分析實務

本章要點

　　本章，具體地將過去的 Macintosh 喉頭鏡（對照組）與新的插管器具 Glidescope（實驗組）相比較作為目的進行整合分析，以「插管成功率」為主要的評價結果來說明。

　　對於「手術患者的經口插管中，Glidescope 比 Macintosh 喉頭鏡氣管插管的成功率較高」的假設，為了取出對此假設予以回答的文獻，將不符合此假設的條件當作除外條件。觀察標題後剩下 101 篇文獻，再閱讀摘要與本文後，捨棄 12 篇文獻，剩下 9 篇文獻。

　　最後從所選擇的文獻取出具體的數據，製作試算表。取出高品質的文獻後，如將所需項目全部填入試算表時，最花時間的作業即結束。之後只要敲打鍵盤，電腦就會幫我們計算。

3.1 　整合分析的流程

　　要如何多蒐集高品質的隨機對照試驗呢？即是決定整合分析的結果的可信度。相反地，設計出能多蒐集隨機對照試驗的方法則是重點所在。以籠統的檢索找出有關聯的文獻，然後再修正設計，再進行檢索，重複此種作業時，研究方法就會有所精鍊。

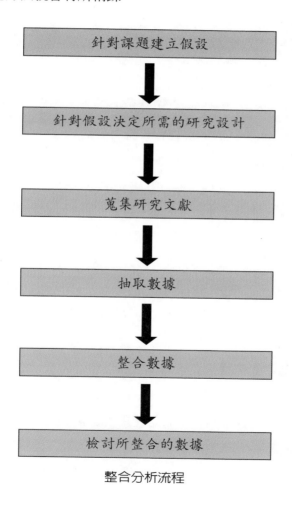

針對課題建立假設

針對假設決定所需的研究設計

蒐集研究文獻

抽取數據

整合數據

檢討所整合的數據

整合分析流程

3.2 設定主題

自己想知道什麼？想查明什麼？將主題作成明確的文章，儘可能使用簡短的語句針對疑問建立假設。整合分析是 2 組間的比較。對於對照組來說，試驗是優是劣？還是沒有差異？予以回答。3 組中的何者最優之疑問是無法回答的。

PICO：

　　P：Patient（什麼樣的患者）

　　I：Intervention（接受何種的治療方式）

　　C：Comparison（與對照比較）

　　O：Outcome（評價結果如何）

將主題的內容依據「什麼樣的患者」、「接受何種的治療方式或處置等」，與「對照」相比較，「評價結果如何」以如此的方式作成文章；可以說是主題的格式化。

此處，具體地將過去的 Macintosh 喉頭鏡（對照組）與新的插管器具 Glidescope（試驗組）相比較作為目的來進行整合分析。此處擬就氣管插管一事簡單說明。

人工呼吸時，經口插入氣管的導管稱為氣管導管，該導管留置在氣管的動作稱為經口氣管插管（oral endotracheal intubation）。經口氣管插管的黃金準則（gold standard）一向是使用 Macintosh 喉頭鏡的工具。歷經 50 年以上是持續進行氣管插管的第一首選，但是，因解剖學上的障礙氣管插管困難，失敗的案例也有，此種病例稱為插管困難。患者的生命暴露在危險的狀態中。近年來，發明了影像喉頭鏡的新工具，它的有用性才受

到肯定。不僅是遭遇插管困難之時，在一般的患者中，影像喉頭鏡是否比 Macintosh 喉頭鏡優越，在麻醉科之中成為話題。Glidescope 是影像喉頭鏡的一種，在歐美中最常使用。因此，在「手術患者的經口插管（P）這方面，Glidescope（I）比 Macintosh 喉頭鏡（C）有效（O）」，考量以如此的 PICO 進行整合分析的步驟。

3.3　研究設計與評價結果

　　針對「手術患者的經口插管，Glidescope 比 Macintosh 喉頭鏡有效」的假設，考察要如何進行才可獲得回答，此即為研究設計。決定具體的方法與比較的條件為何。因此，針對氣管插管的器具報告，大略地進行文獻檢索時，在進行兩種插管器具的隨機對照試驗的研究上，評價結果（outcome）列舉出插管成功率、插管時間、合併症等。此處，以「插管成功率」為主要的評價結果來說明。

　　「在手術患者的經口插管方面，Glidescope 比 Macintosh 喉頭鏡其氣管插管的成功率較高」有此一假設。可是，臨床研究是複雜的。利用 Macintosh 喉頭鏡的氣管插管技術被視為較難學習；其取決於進行氣管插管手術人員的技能，在成功率或插管時間上會有甚大的不同。雖想將插管者的技能保持固定來檢討，但整合分析無法自行設定研究的詳細內容。臨床上，認知此種各式各樣的條件有混入的可能性之後，再往下進展。

3.4　蒐集文獻

1. 文獻的資料庫

例如 PubMed、The Cochrane Library、Medline、Google Scholar 等均是免費可以利用較具代表的檢索來源。例如 Embase、UpToDate、Web of Science 等，如與付費網站有契約時，即可利用。要網羅性的蒐集所有的研究，從顯示研究主題的 PICO 選出關鍵字，將它當作檢索語探索文獻。

2. 檢索過濾器（filter）

如利用過濾器時，第一次蒐集的文獻數目得出甚少，但重視效率而過度使用過濾器時，可以使用的文獻有時會找不著。雖然有些花時間，但最好一開始不要太集中鎖定為宜。

3. 語言

以任何人均可存取的世界性標準語來說，英語的文獻是最基本的。只有摘要是英文，內文是本國語的文獻也不少。為了排除語言偏誤（bias），雖然包含它們或許是應該的，但因為需要翻譯，實際上困難的情形居多。

4. 文獻一覽表的追蹤

無法利用文獻資料庫的往昔，而以關聯論文的文獻一覽表作為參考，尋找文獻的情形想來也很多。此方法有可能發生引用偏誤，但高明地利用總論，有可能填補能使用的文獻的遺漏之處。

3.5　選取文獻（選入條件／除外條件）

這是利用關鍵字檢索，從所蒐集的文獻對研究主題的假設，選出可給予回答的高品質文獻是相當重要的作業。此作業是決定整合分析的整體品質，就是如此說毫無過言之處。

為了不要有遺漏之處，以廣泛範圍所蒐集的文獻中，與所設定的假設不相稱的研究也有許多。以哪種患者作為對象（P）？如何治療或介入呢（I）？與何者相比較（C）？測量哪種評價結果呢（O）？一般是依各個研究而有不同。試著閱讀幾篇文獻，對所設定的假定去建立可以給予適切回答的取捨選擇的條件。具體而言，是利用除外條件（exclusion criteria）去集中鎖定文獻的作業。依據此條件，對照標題、摘要或本文，捨棄不需要的文獻。接著，最終再確認集中鎖定的文獻是否符合選入條件（inclusion criteria）。

此次使用 PubMed，以關鍵字「glidescope」檢索的結果，找出 350 篇文獻，可以說是玉石混淆。將「Humans」、「Randomized Controlled Trial」、「Comparative Study」、「Clinical Trial」、「Review」經檢索過濾器過濾後，集中成 122 篇。原本如經由「Humans」、「Randomized Controlled Trial」來過濾時，也許一次即可完成，但為了防止能利用的文獻有所疏漏，將檢索範圍擴大。

對於「手術患者的經口插管中，Glidescope 比 Macintosh 喉頭鏡氣管插管的成功率較高」的假設，為了取出對此假設予以回答的文獻，將不符合此假設的條件當作除外條件。觀察標題後剩下 101 篇文獻，再閱讀摘要與本文後，捨棄 12 篇文獻，剩下 9 篇文獻。

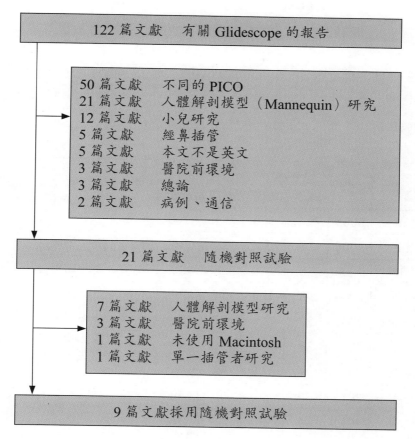

文獻取出流程

3.6 試算表

最後從所選擇的文獻取出具體的數據，製作試算表（spread sheet）。將報告者、報告年份、患者背景、介入的方法、結果等，分成試驗組與對照組後再取出。輸入次群組分析中認為所需要的項目。

報告者	年份	Glidescope		Macintosh		管	患者	插管者
		成功	總數	成功	總數			
Sun	2005	97	100	94	100	單腔	平常	熟手
Lim	2005	28	30	26	30	單腔	插管困難	熟手
Malik	2008	28	30	26	30	單腔	插管困難	熟手
Houruzi	2009	93	100	51	100	單腔	平常	熟手
Malik	2009	22	25	17	25	單腔	插管困難	熟手
Serocki	2010	38	40	35	40	單腔	插管困難	熟手
Teoh	2010	91	100	98	100	單腔	平常	熟手
Andersen	2011	50	50	46	50	單腔	肥胖者	熟手
Hsu	2012	30	30	26	30	二腔	平常	熟手

取決於文獻而定，表或本文中未記載所需要之數據的情形也有，並且結果只以圖表示，或者數字並未明確的情形也有。所需要的數據要向報告者詢問。任一學術期刊會記載通訊作者（correspondence author）的電子信箱，約 2～3 週會有回音。

取出高品質的文獻後，如全部填入試算表所需的項目時，最花時間的作業即結束。之後只要敲打鍵盤，電腦就會幫我們計算。

| 3.7 | 森林圖 |

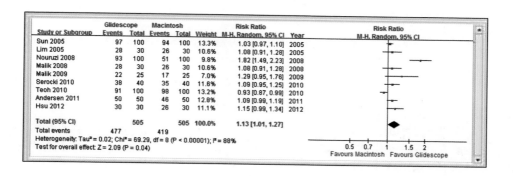

這是利用 Review Manager 5 整合全體後所得出的森林圖（forest plot）。以風險比（risk ratio）呈現氣管插管的成功率。如觀察各個研究時，有的研究是 Glidescope 較優，有的研究是 Macintosh 喉頭鏡較優，或兩者並無差異的研究也有。可是，整合後的風險比的信賴區間是 1.01～1.27，雖然是兩可之間，但卻有顯著差。與過去的 Macintosh 喉頭鏡相比時，利用 Glidescope 的氣管插管成功率較高有此可能。至少，並不遜色。可是，I^2 統計量是 88%，異質性非常高是需要注意的。

3.8　次群組分析 1（插管困難組）

有爲數甚多的報告指出，Glidescope 相較於 Macintosh 喉頭鏡，對插管困難的病例是有效的。因此，身爲臨床醫師，想限定於插管困難的患者進行檢討。被記述插管困難的患者有 4 篇。

報告者	年份	Glidescope		Macintosh		管	患者	插管者
		成功	總數	成功	總數			
Lim	2005	28	30	26	30	單腔	插管困難	熟手
Malik	2008	28	30	26	30	單腔	插管困難	熟手
Malik	2009	22	25	17	25	單腔	插管困難	熟手
Serocki	2010	38	40	35	40	單腔	插管困難	熟手

這是以插管困難患者爲對象之研究的森林圖。

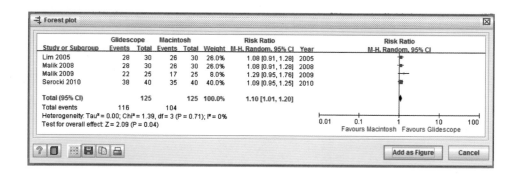

如限定於插管困難爲對象的研究時，I^2 統計量即爲 0，可以判斷無異質性。雖然是界線，但可以下結論說，Glidescope 相較於 Macintosh 喉頭鏡來說，在氣管插管的成功率上較優；顯示全體結果的頑健性（敏感度分析）。

3.9　次群組分析 2（平常呼吸道組）

在學會會場的討論場合中，身經百戰、熟練的臨床醫師經常說到：「如非特別的插管困難時，利用 Macintosh 喉頭鏡是足夠的，從以前以此一隻喉頭鏡即可應付自如」。

真是如此嗎？試著觀察平常的呼吸道患者的成功率吧，文獻有 4 篇。

報告者	年份	Glidescope		Macintosh		管	患者	插管者
		成功	總數	成功	總數			
Sun	2005	97	100	94	100	單腔	平常	熟手
Nouruzi	2009	93	100	51	100	單腔	平常	熟手
Teoh	2010	91	100	98	100	單腔	平常	熟手
Hsu	2012	30	30	26	30	二腔	平常	熟手

這是以無插管困難、平常的患者為對象進行的研究所得出的森林圖。

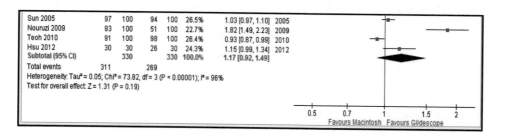

的確，Glidescope 與 Macintosh 喉頭鏡的成功率並無顯著差，想贊成「先進所說的無誤」。可是，如觀察 I^2 統計量時，96% 有相當的異質性。如仔細觀察時，Nouruzi 的研究是氣管插管的生手。為表達對熟手的敬意，將此除外再計算。

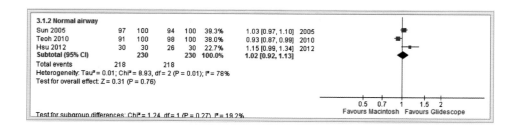

　　雖然還留有異質性的問題，卻成爲代言熟手醫師心情的結果。此次的整合分析，生手的研究只有 1 篇。對生手來說，似乎要等待此後的研究結果再行檢討。

　　原本，次群組分析在整合分析的研究階段中必須事先加以規劃。對於追加的分組來說，無論如何總想提出結果此種的隨意行爲即容易滲入其中。即使熟手的研究選擇以上述平常的患者爲對象，但事實上，插管導管的形狀與平常的導管有所不同的二腔導管的研究也包含在內。若是熟手時，或許會與平常的患者一樣來處理吧。

　　無異質性的研究在資料庫上最爲多見，而在那段時間裡許多所進行的整合分析已將它包含在內是有直接關聯的，這卻是讓人感到兩難的地方。

第4章　整合分析軟體操作——Review Manager 5

本章要點

　　本章說明使用整合分析軟體 RevMan 的基本操作、二值變數的輸入、連續變數的輸入、森林圖的製作、漏斗圖的製作、分析的追加、次群組的追加、文獻顯示順序的變更等。此外，爲了提高整合分析報告的品質，公佈有「系統性文獻回顧」（systematic review）及整合分析（meta-analysis）的優先報告項目 PRISMA 一覽表，以供讀者撰寫整合分析論文的參考。

　　詳情請參見以下網址：

http://www.prisma-statement.org/

4.1　Review Manager 5 的啟動

4.1.1 啟動

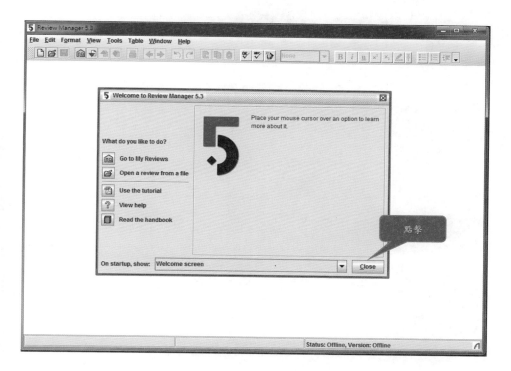

【使用說明】

　　出現 Welcome to Review Manager 5 的標題畫面，按一下「close」。

---

* Review Manager5 是可以免費下載的，網址是：

http://ims.cochrane.org/reviman/download

Review Manager5 有對應 Windows、Linux、MacOSX 的版本。

4.1.2 New Review Wizard 的啟動

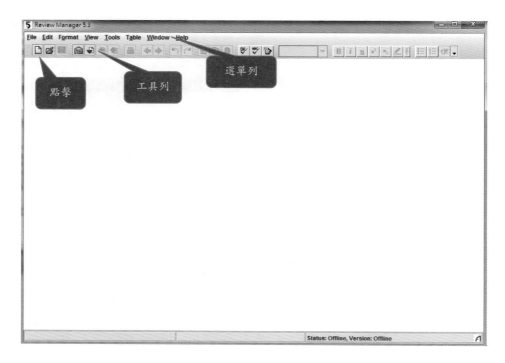

【使用說明】

按一下工具列的「🗋」（新）圖像，啟動「New Review Wizard」，或將清單列的「File」下拉，選擇「New」的選項也行。

4.1.3 New Review Wizard 畫面

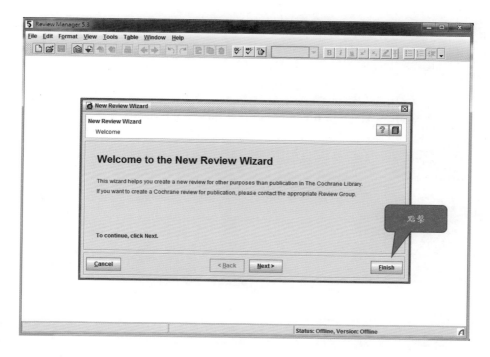

【使用說明】

　　按一下 Welcome to the New Review Wizard 畫面的「Finish」按鈕。若按一下「Next」時，即移到插入有分析的種類與標題的畫面，即使未輸入也能解析。

4.1.4 Review Manager 5 的基本畫面

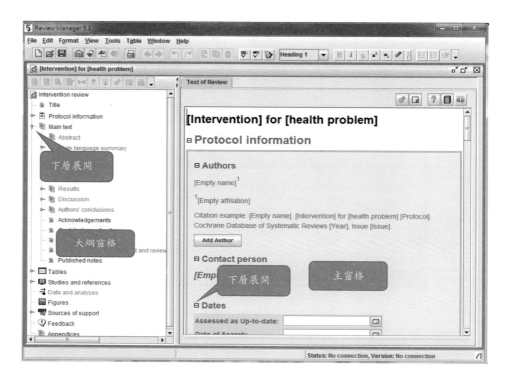

【使用說明】

　　Review Manager 的基本畫面，是由右側較大的主窗格（數據窗格）與左側較小的大綱（outline）窗格所構成。按一下大綱窗格的項目名前方的鑰匙「 ↝ 」圖像，它的下層即可展開。或在主窗格中，按一下項目名前方的「田」圖像，也可展開下層。

4.1.5 Characteristics of studies

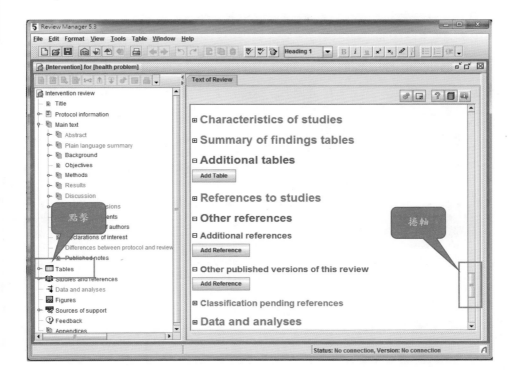

【使用說明】

　　按一下大綱窗格的「Tables」時，主窗格即移到「⊞ Characteristics of studies」。捲動主窗格，也可找到「⊞ Characteristics of studies」。

4.1.6 ⊞ Characteristics of included studies 展開

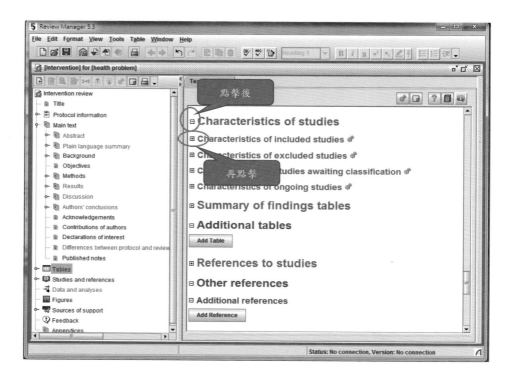

【使用說明】

按一下「⊞ Characteristics of studies」前方的「⊞」圖像。接著按一下「⊞ Characteristics of included studies」前方的「⊞」圖像即可再展開下層。

4.1.7 文獻登錄

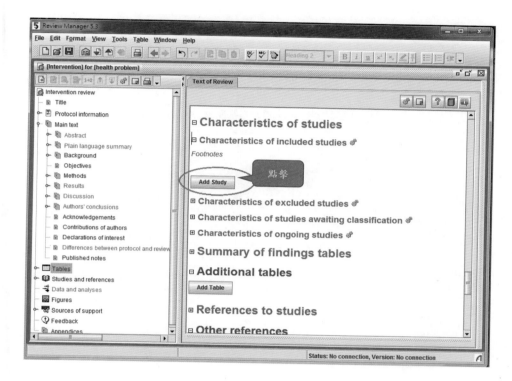

【使用說明】

　　按一下「☐ Characteristics of included studies」下方的「Add study」（追加研究）按鈕。

4.1.8 文獻名記入

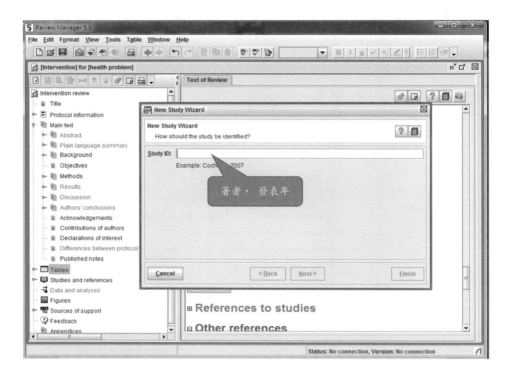

【使用說明】

　　於 New study wizard 畫面的 study ID 欄中輸入文獻名稱，以西曆輸入論文的著者名與發表年份。

4.1.9 登錄結束

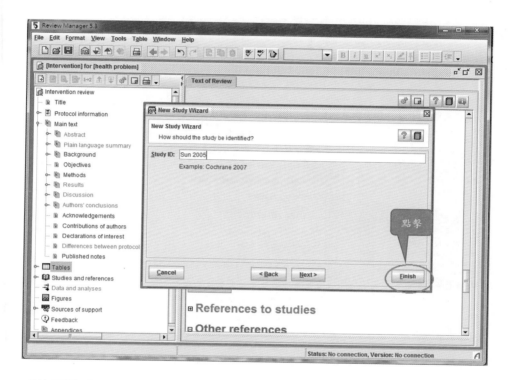

【使用說明】

　　如輸入 study ID 時，右角的「Finish」按鈕即會浮現。雖以 Next 按鈕可移行到輸入詳細內容的畫面，但省略也無問題。

4.1.10 文獻追加登錄

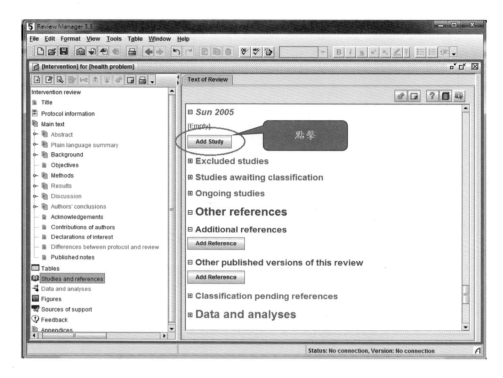

【使用說明】

按一下「Add study」，即追加登錄文獻。重複此事，登錄所有的文獻。

4.1.11 Data and Analysis

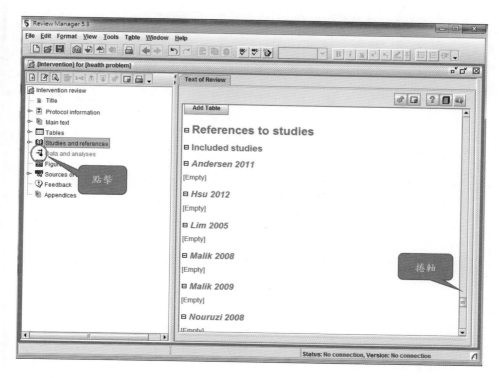

【使用說明】

　　這是全部的文獻輸入後的畫面。論文是以字母順序排列。按一下大綱窗格的「Data and Analysis」，主窗格即移到「⊞ Data and Analysis」。捲動主窗格，也可找到「⊞ Data and Analysis」。

4.1.12 Data and Analysis

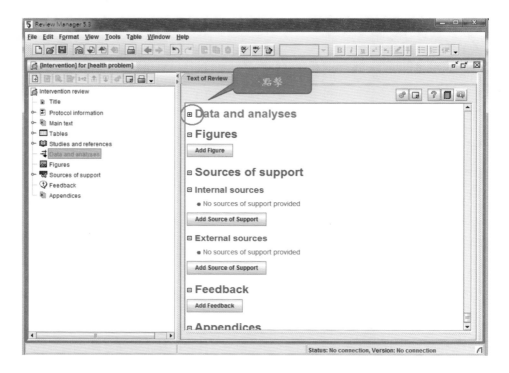

【使用說明】

按一下「⊞ Data and Analysis」前方的「⊞」圖像後展開下層。

4.1.13 比較登錄

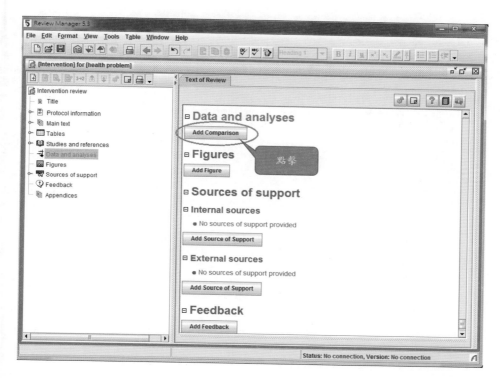

【使用說明】

按一下「Add Comparison（比較追加）」按鈕。

4.1.14 記入比較名

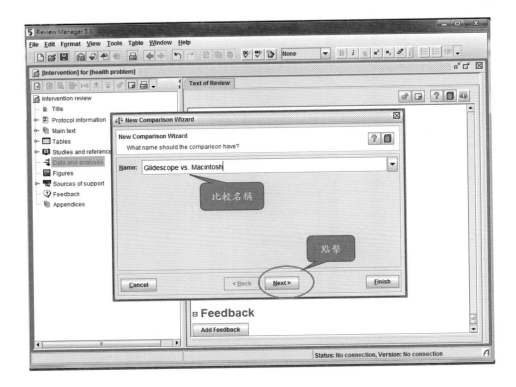

【使用說明】

　　New Comparison Wizard 畫面出現後，輸入比較的名稱，按一下
「Next」按鈕。

4.1.15 New Comparison Wizard 結束後的作業指定

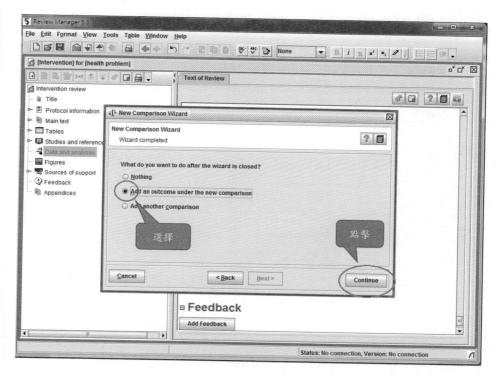

【使用說明】

　　New Comparison Wizard 畫面結束後的作業指定，選擇「Add an outcome under the new comparison」後，按「Continue」。

4.2 二元變數的輸入

4.2.1 數據的種類

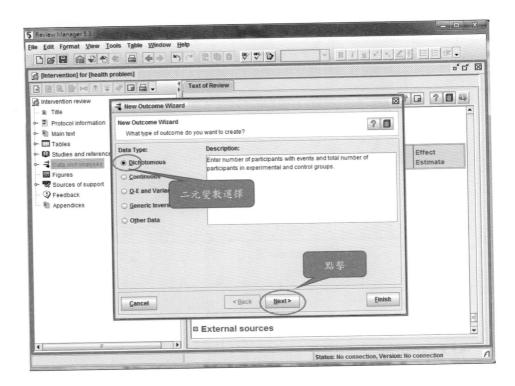

【使用說明】

　　於 New outcome wizard 畫面中登錄數據的種類，以按鈕選擇想輸入的數據種類。此處，將氣管插管的成功當作（十），失敗當作（一），選擇 Dichotomous（2 元變數）後按一下「Next」。

4.2.2 評價結果與組名

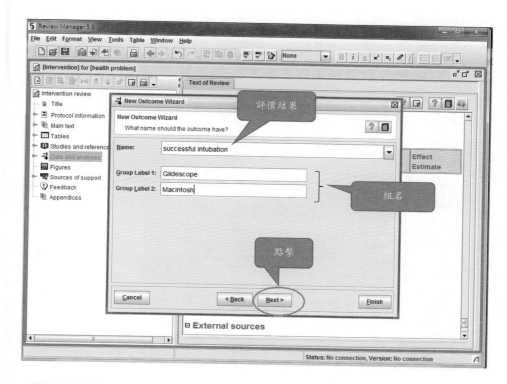

【使用說明】

　　輸入評價結果（outcome）與組的標籤名。於「Group Label 1」中輸入試驗組的「Glidescope」，於「Group Label 2」中輸入對照組的「Macintosh」，比較氣管插管的成功數，按一下「Next」。

4.2.3 選擇分析方法

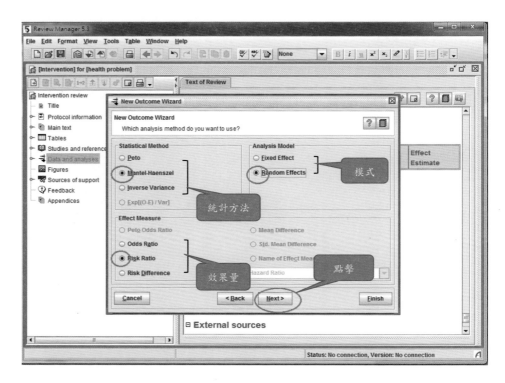

【使用說明】

　　以選鈕選擇「Statistical Method（統計方法）」、「Analysis Model（分析模式）」、「Effect Measure（效果量）」。

　　此處，選擇「Mantel-Haenszel」法、「Random Effects（隨機效果模式）」、「Risk Ratio（風險比）」，按一下「Next」。

4.2.4 分析詳細畫面

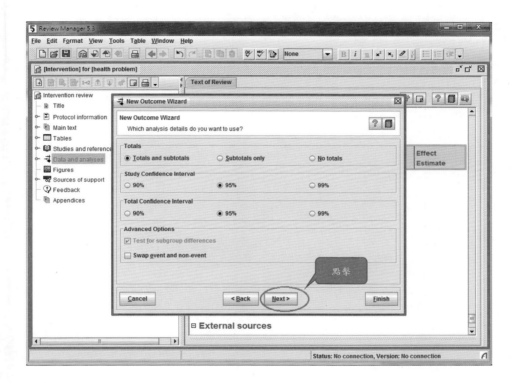

【使用說明】

維持初期設定的狀態，按一下「Next」。

4.2.5 圖形詳細畫面

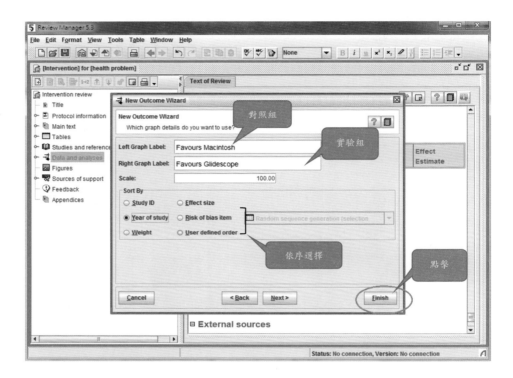

【使用說明】

輸入森林圖的標籤名。

因治療方式或介入，生病的發生率下降的事件是「Left Graph Label」當作試驗組，「Right Graph Label」當作對照組。

因治療方式或介入，治癒人數增加的事件是「Right Graph Label」當作試驗組，「Left Graph Label」當作對照組。

氣管插管的成功率是後者。於「Left Graph Label」輸入「Macintosh」，「Right Graph Label」輸入「Glidescope」。與 3.2.2 的組標籤的順序相反。

　　分類的順序以選鈕決定。通常從發表年份舊的研究到新的研究依序排列，即選擇「Year of study（發表年份）」。如此一來，效果量依研究年份而變遷即可明白。

　　按一下「Finish」，即顯示空白的數據表。

註

　　初期設定是形成依字母順序的 study ID。

4.2.6 空白數據畫面

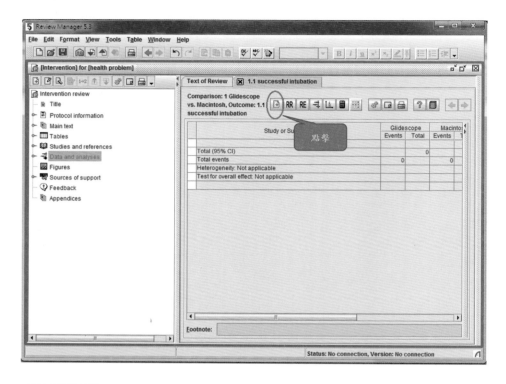

【使用說明】

　　按一下空白數據表的工具列左端的「▣」（文獻選擇）圖像。

4.2.7 文獻選擇

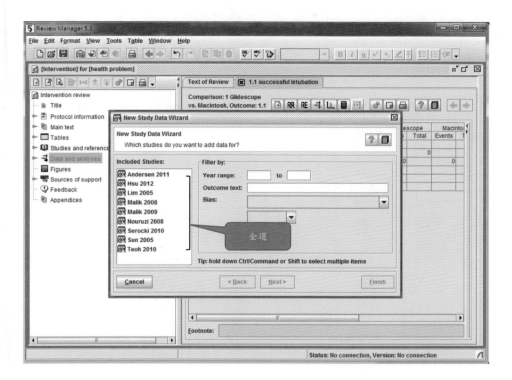

【使用說明】

「Included studies:」欄中顯示方才所輸入的所有文獻。一面按著〔Shift〕鍵點選從頭至尾的文獻後，即選擇所有的文獻。若按著〔Ctrl〕鍵，即可選擇想要的文獻。

4.2.8 文獻選擇結束

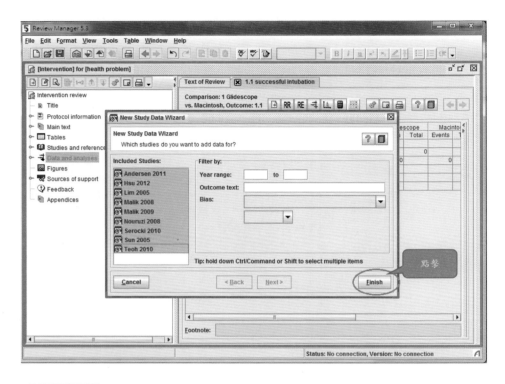

【使用說明】

　　確認所有的文獻已被選擇之後，按一下「Finish」。

4.2.9 二元變數的數據輸入

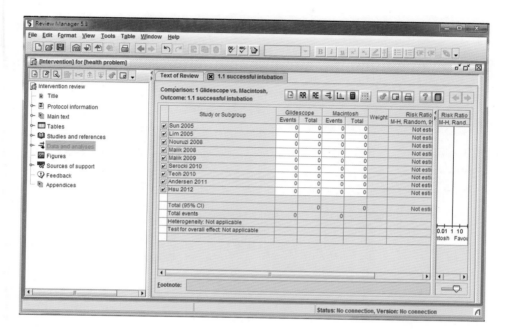

【使用說明】

　　輸入利用 Glidescope 氣管插管的「Events（成功數）」、「Total（所有病例數）」，以及利用 Macintosh 的成功數、所有病例數，自動地右側的「Risk Ratio（效果指標）」的圖形即可產生出來。

4.2.10 顯示畫面的調整

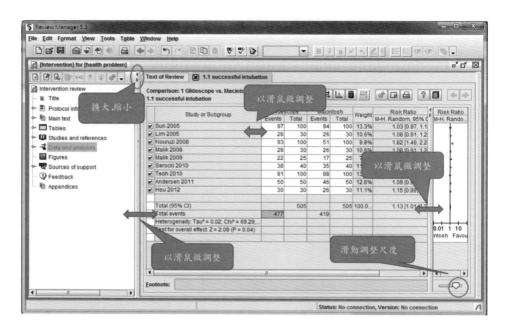

【使用說明】

　　這是輸入所有數據之後的畫面，因三個畫面同時顯示，結果的畫面的右端數字會被隱藏，右側的圖形會被擠縮。此可調整想看的畫面大小。

1. 按一下畫面境界線的上端的擴大、縮小圖像（◀／▶）。
2. 以游標按一下畫面境界線可自在地調整寬度。右側圖形的尺度，利用畫面下方的滑尺調整成適切的尺度。

4.3　森林圖

4.3.1 森林圖的製作

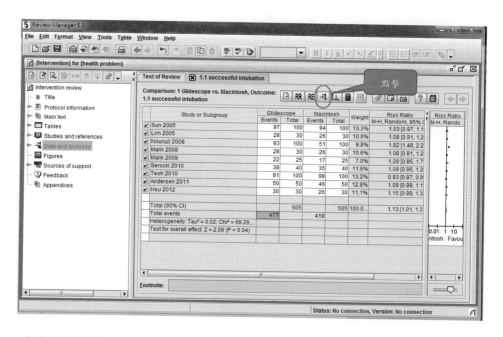

【使用說明】

按一下工具列的「」（森林圖）圖像，即可自動地作出森林圖。

4.3.2 森林圖的登錄

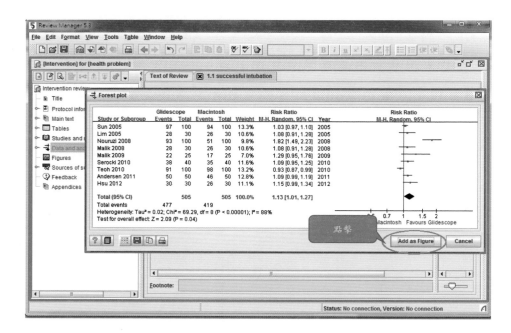

【使用說明】

按一下「Add as Figure」按鈕，大綱窗格的「Figures」項目中即可登錄森林圖。

4.3.3 Figure 項目的森林圖確認

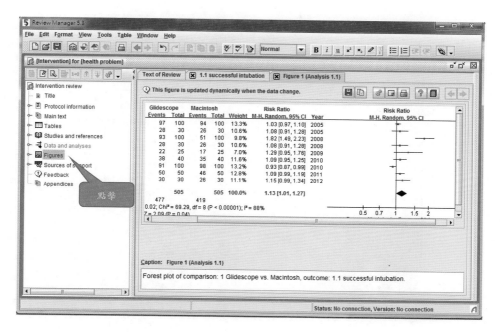

【使用說明】

按一下大綱窗格的「Figures」，所登錄的森林圖隨時均可看見。

4.3.4 森林圖的儲存、複製、列印

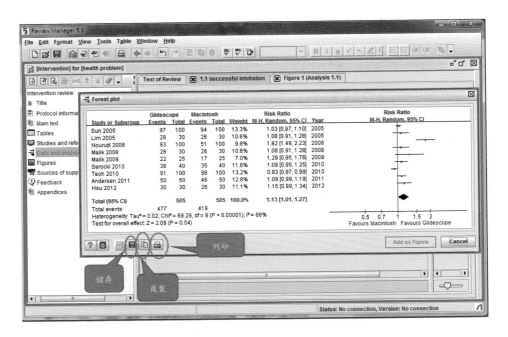

【使用說明】

　　按一下「🖹」（複製）圖像，於剪貼簿上即可複製森林圖。可貼在 PPT 或 Words 上。如按一下「🖫」（儲存）或「🖶」（列印）圖像時，森林圖即可儲存、列印。

4.4　　漏斗圖

4.4.1 漏斗圖製作

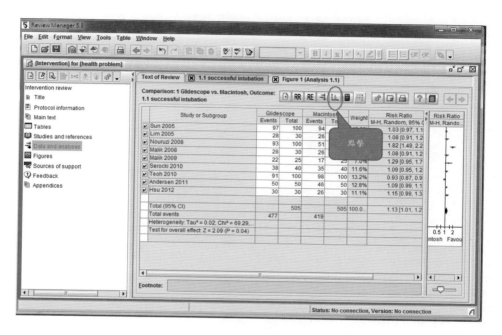

【使用說明】

　　為了檢討發表偏差，按一下工具列的「▙」（漏斗圖）圖像。

4.4.2 漏斗圖的登錄、儲存、列印

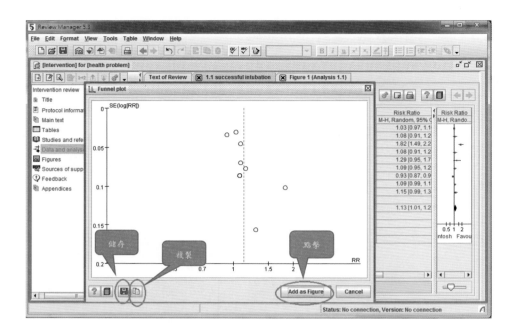

【使用說明】

　　所作成的漏斗圖，可以被登錄、儲存、列印。

4.5　效果量的變更、分析模式的變更

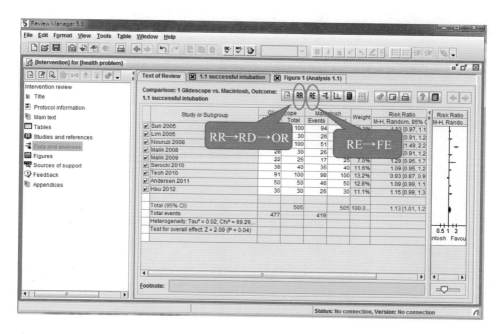

【使用說明】

　　取決主窗格的工具列中的何者，效果量當場可以變更。按照 RR（風險比）→ RD（風險差）→ OR（勝算比）改變，可自動地反映在圖形上。分析模式也可從 RE（隨機效果模式）改變成 FE（固定效果模式）。

4.6　連續變數的輸入

4.6.1 效果量（連續變數）的追加

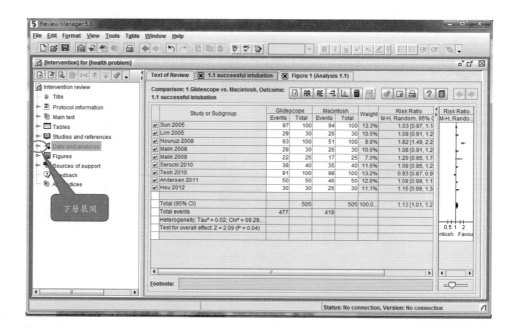

【使用說明】

　　追加插管時間的分析即連續數據。按一下大綱窗格的「Data and Analysis」前方的「✛」鑰匙圖像後，即展開下層。

4.6.2 追加標籤指定

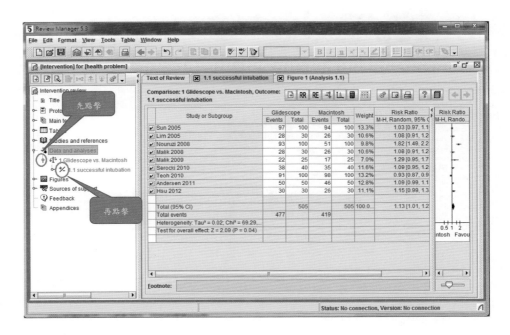

【使用說明】

　　展開「1 Glidescope vs. Macintosh」，按一下「1.1 successful intubation」。因此，追加的連續變數與二元變數相同，即成為階層的比較。

4.6.3 New Outcome Wizard 的啟動

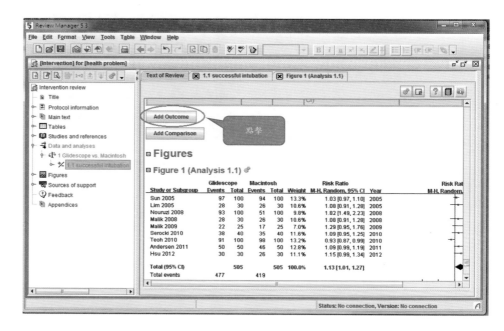

【使用說明】

按一下主窗格「1.1 successful intubation」的摘要提示欄下方的「Add Outcome」（追加評價結果）。

4.6.4 數據的種類

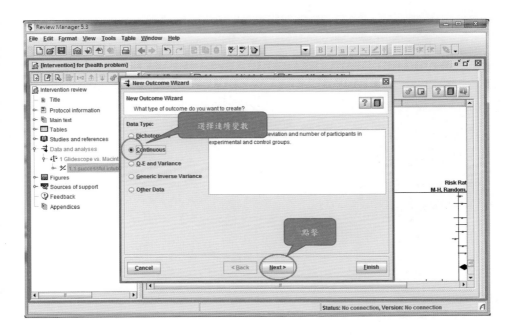

【使用說明】

選擇「Continuous」連續變數的選鈕。

4.6.5 評價結果的名稱登錄

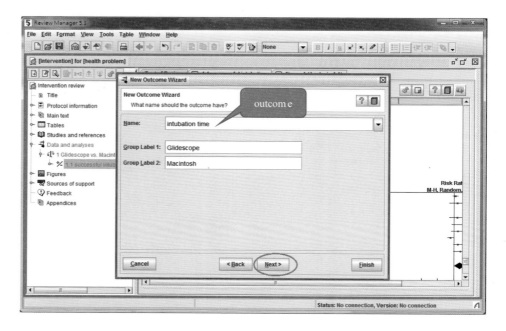

【使用說明】

　　輸入連續變數的評價結果（outcome）名，按一下「Next」。

4.6.6 統計方法、分析模式、效果量的選擇

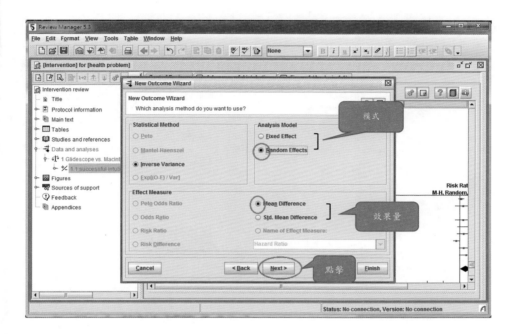

【使用說明】

　　選擇連續變數的分析與效果量，此處，選擇「Random Effects」（隨機效果模式）、「Mean Difference」（均數差）的選項鈕，按一下「Next」。

4.6.7 統計細節

【使用說明】

統計的細節按照初期設定的狀態進行。

4.6.8 標籤名、排列順序的決定

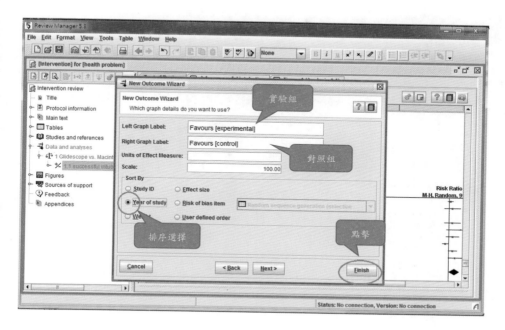

【使用說明】

輸入森林圖的標籤名。

「Left Graph Label」輸入「Glidescope」，「Right Graph Label」輸入「Macintosh」。

排列順序選擇「Year of study」後，按一下「Finish」。

4.6.9 空白數據表

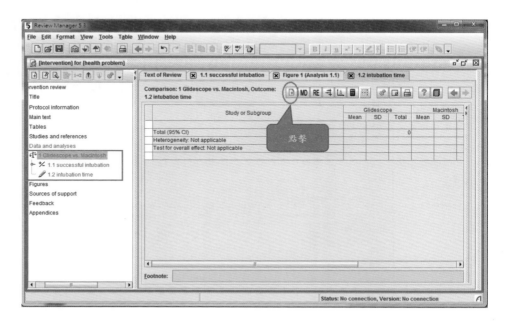

【使用說明】

在大綱窗格上,出現連續變數「1.2 intubation time」的項目。按一下工具列的「⬚」(文獻追加)圖像。

註

「✂」的符號是二元變數的數據,「✐」是連續變數的數據。

4.6.10 文獻選擇

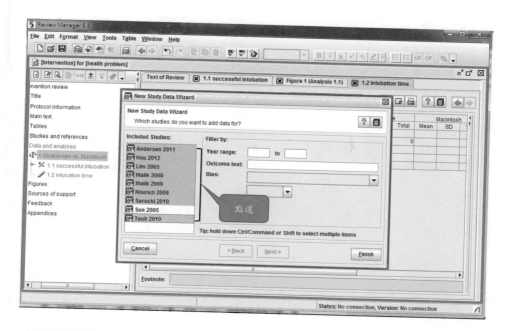

【使用說明】

　　按一下鍵盤的 [Ctrl] 一個一個地加入文獻，或按 [Shift] 鍵選擇所有的文獻，再按一下「Finish」後，移至空白數據表。

4.6.11 計算器

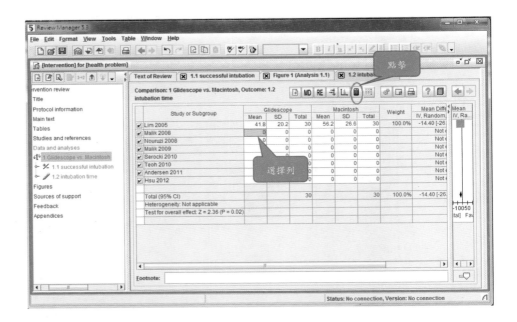

【使用說明】

　　於空白數據表中將連續變數依 Mean（平均值）、SD（標準差）、Total（病例數）的順序輸入。有的文獻不使用標準差，取而代之記載標準誤差的也有。此時，使用計算器。選擇列之後，按一下工具列的「▦」（計算器）圖像。

4.6.12 從標準誤向標準差變換

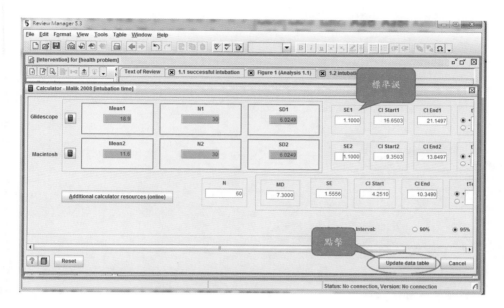

【使用說明】

　　計算器上輸入 Mean（平均值）、N（病例數）、SE（標準誤）時，自動地會顯示 SD（標準差）。

　　輸入結束後，按一下「Update data table」。

4.6.13 數據顯示

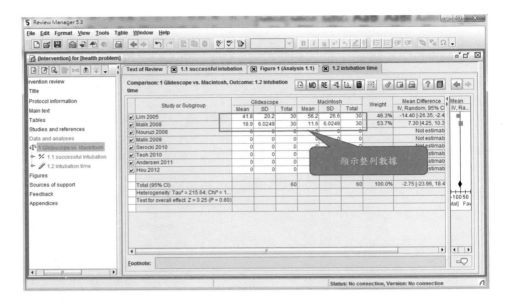

【使用說明】

　　從標準誤計算出標準差後，利用它顯示效果量的計算結果。

4.7	分析的追加

4.7.1 追加新的組的分析

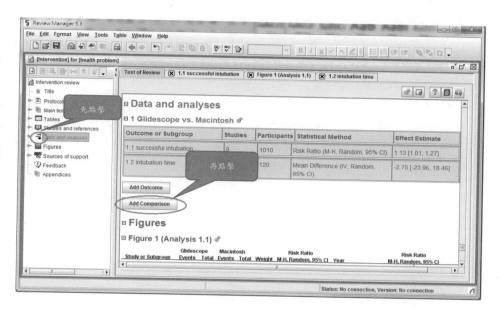

【使用說明】

　　於次群組分析中設定擬使用的新組。

　　按一下大綱窗格的「Data and analysis」項目，再按一下主窗格的「1 Glidescope vs. Macintosh」項目的概要欄下的「Add Comparison」（比較追加）。

4.7.2 空白數據表製作

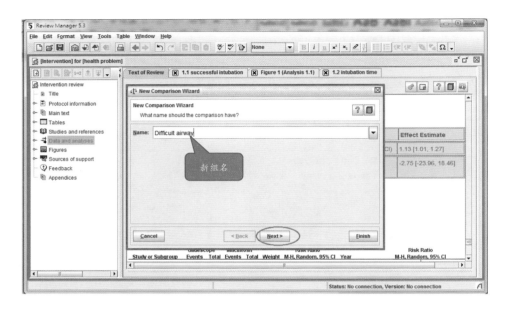

【使用說明】

　　輸入新的組名後，按一下「Next」按鈕。此處只是收集插管困難的病例組輸入「Difficult airway」。

　　從 3.1.14 到 3.2.6 同樣操作，製作空白數據表。

4.7.3 文獻選擇

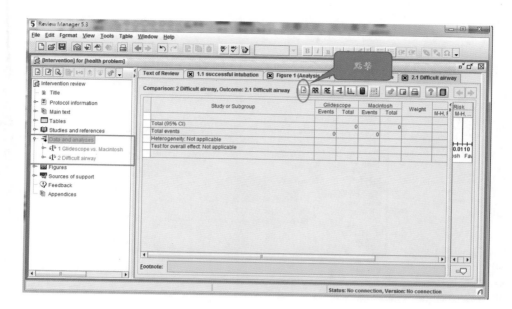

【使用說明】

於大綱窗格中，出現前方有「 （天平） 」圖像的新項目「2 Difficult airway」。

按一下工具列的「 （文獻選擇） 」，移到文獻的選擇畫面。

4.7.4 文獻追加

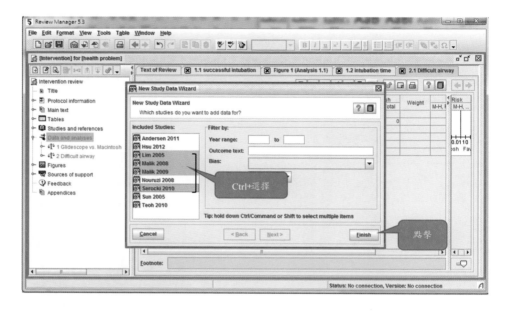

【使用說明】

　　一面按著鍵盤的 [Ctrl]，一個一個地加入所需的文獻。

　　按一下「Finish」，移行到空白數據表再輸入表格。

4.7.5 新的組的森林圖

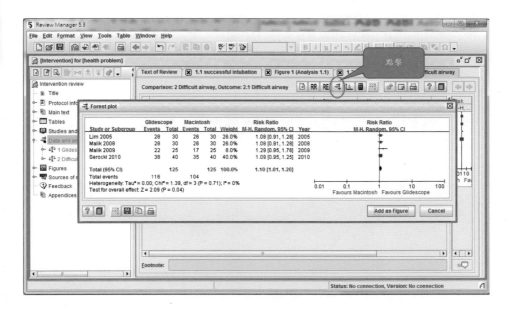

【使用說明】

　　數據的輸入結束後，按一下主窗格的「 ⇥ （森林圖）」圖像，即可作出新的組的森林圖。

4.8 　次群組的追加

4.8.1 Data and analysis 的下層展開

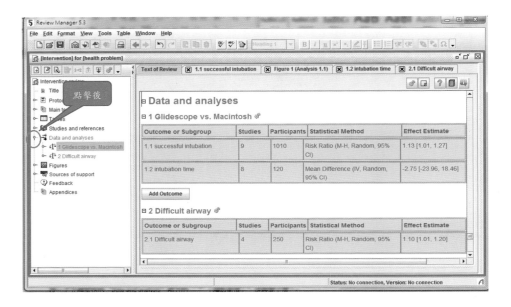

【使用說明】

　　按一下大綱窗格的「Data and analysis」前方的「 ┿ （鑰匙圖像）」
後，展開下層。

4.8.2 Comparisons 的複製

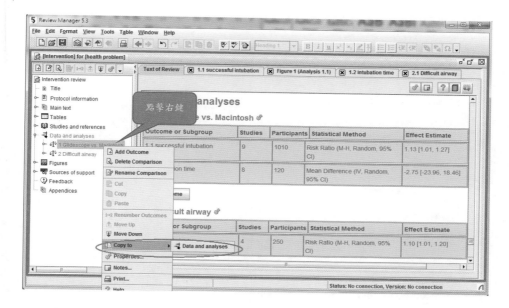

【使用說明】

在大綱窗格中，選擇想製作次群組的項目名，按一下右鍵開啓選擇項目。

如選擇「Copy to」時，「Data and analysis」即出現，全然相同的天秤標記的「comparison」即被複製。

4.8.3 名稱的更名

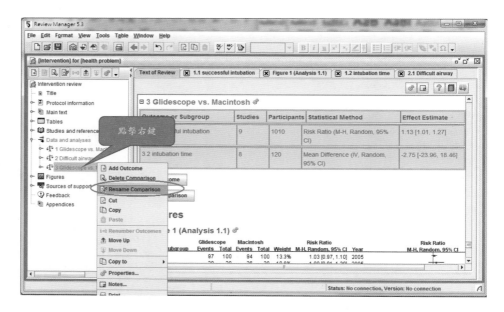

【使用說明】

　　在大綱窗格中，經複製新出現的「3 Glidescope V.S. Macintosh」為了對它新命名，按右鍵，使選擇項目顯示。

　　選擇「Rename Comparison」。

4.8.4 記入次群組的比較名稱

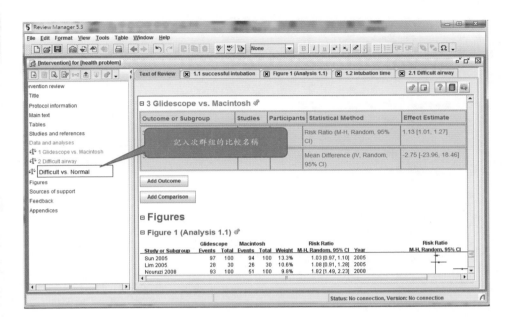

【使用說明】

在大綱窗格「編輯盒（▭▭）」中輸入「Difficult V.S. Normal」之名稱時，按一下畫面的任一處，即關閉「編輯盒」。

4.8.5 引進次群組

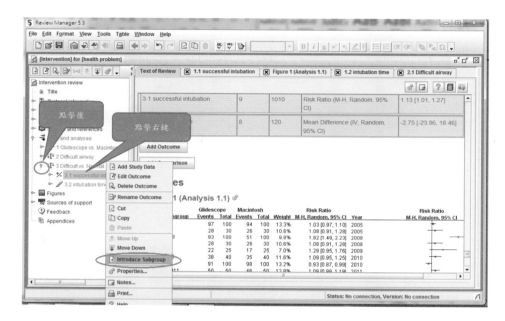

【使用說明】

按一下新項目「3 Difficult V.S. Normal」的「 ╅ （鑰匙圖像）」，即顯示下層的評價結果。

選擇想追加次群組的評價結果「3.1 Successful intubation」，按右鍵，即可使選項顯示出來。

選擇「Introduce Subgroup」。

4.8.6 次群組名稱

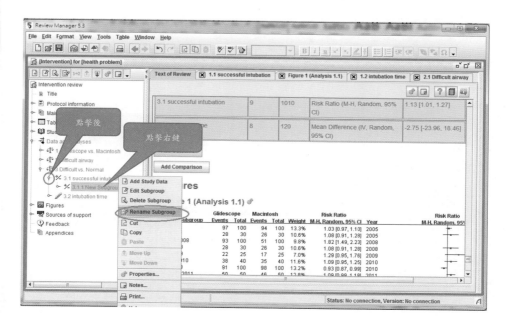

【使用說明】

按一下大綱窗格的評價結果「3.1 Successful intubation」前方的「 」（鑰匙圖像）」，使下層的「New Subgroup」顯示。

如顯示出「New Subgroup」時，點它並按右鍵，顯示出選項，再選擇「Rename Subgroup」。

4.8.7 輸入次群組名稱

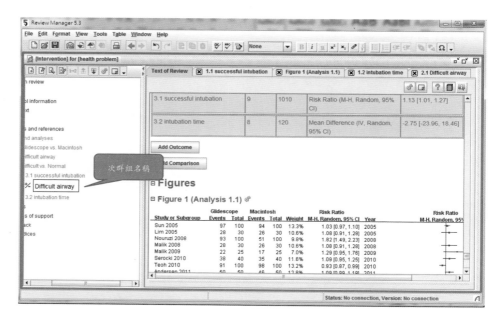

【使用說明】

　　於「編輯盒（　　　　）」中輸入第一個次群組名稱「Difficult airway」，點一下畫面中的任何一處，關閉「編輯盒」。

4.8.8 新次群組的內容

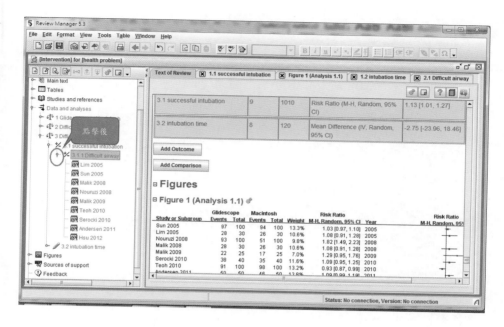

【使用說明】

　　如按一下大綱窗格的次群組「3.1.1 Difficult airway」的「 ╪ （鑰匙圖像）」，所複製的文獻全部包含在內。

4.8.9 次群組追加

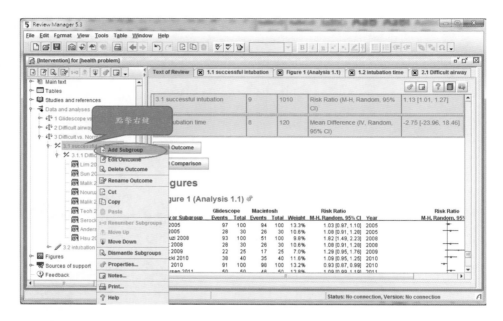

【使用說明】

在大綱窗格中的畫面按右鍵點一下第一個次群組「3.1.1 Difficult airway」的上層的比較項目「3.1 Successful intubation」，使顯示選項。

選擇「Add Subgroup」時，即顯示「New Subgroup Wizard」畫面。

4.8.10 追加次群組名稱

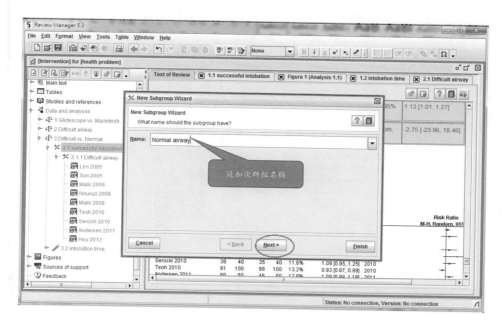

【使用說明】

　　於「New Subgroup Wizard」中追加第二個次群組名稱「Normal airway」後，按一下「Next」按鈕。

4.8.11 New Subgroup Wizard 結束

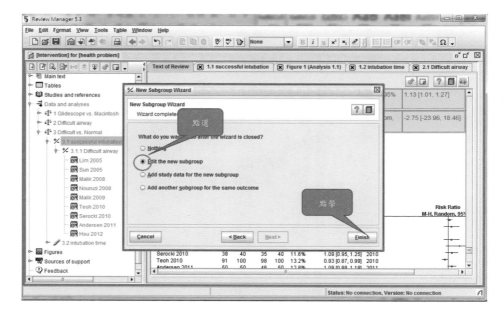

【使用說明】

　　於選紐中選擇「Edit the new subgroup」，按一下「Finish」。

4.8.12 數據表

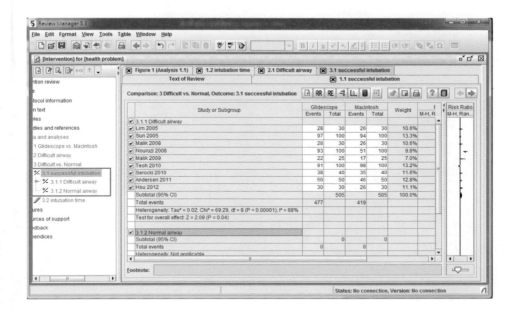

【使用說明】

　　於大綱窗格中出現兩個次群組的項目。

　　第一個次群組「3.1.1 Difficult airway」，是將它之前所製作的內容照樣加以複製。

　　第二個次群組「3.1.2 Normal airway」是空白數據。

4.8.13 第一個次群組的文獻展開

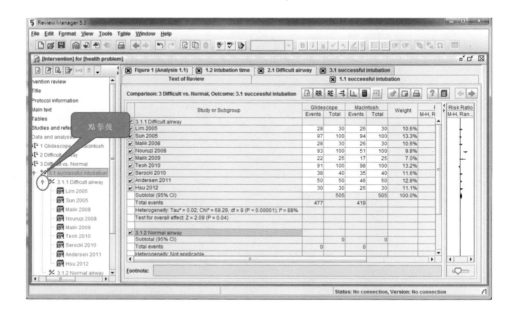

【使用說明】

按一下大綱窗格的第一個次群組「3.1.1 Difficult airway」前方的「 （鑰匙圖像）」，使文獻顯示。

4.8.14 從第一個次群組中排除文獻

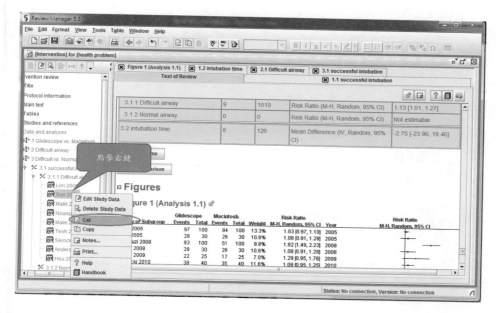

【使用說明】

　　想從屬於第一個次群組的文獻使之移動到第二次群組中的文獻，按其右鍵點選，出現選項。

　　選擇「Cut」。

4.8.15 向第二個次群組的文獻移動

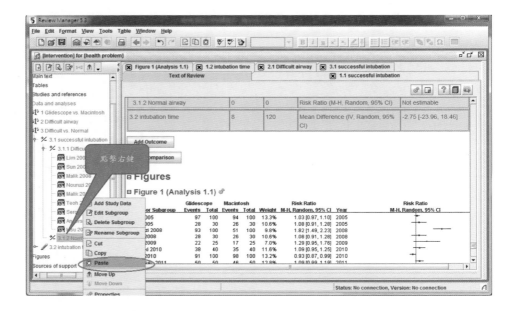

【使用說明】

按右鍵點選大綱窗格的第二個次群組「3.1.2 Normal airway」後出現選項。

選擇「Paste」。

4.8.16 文獻移動

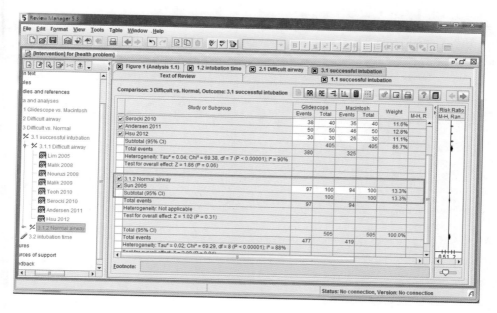

【使用說明】

　　文獻移動已到第二個次群組中。

　　從第一個次群組刪去該文獻。

　　重複此操作，文獻全部移動到第二個次群組。

4.8.17 第二個次群組的完成

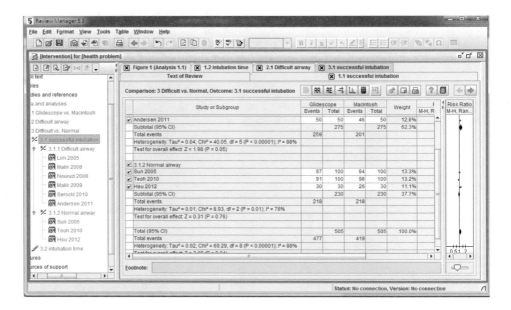

【使用說明】

　　屬於第二組「Normal airway」的所有數據均已移動。

　　第一組還留有應刪除的文獻。此處，只想以熟手比較「Difficult airway」與「Normal airway」，因此刪除生手的「Nouruzi 2009」與針對肥胖者「Anderson 2011」之 2 個文獻（第 3 章 3.6 試算表）。

4.8.18 刪除不需要的文獻

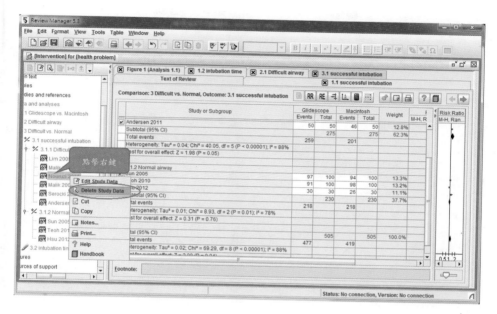

【使用說明】

　　從第一次群組選擇要刪除的文獻，按一下右鍵，從選項中選擇
「Delete Study Data」。

　　因會詢問是否刪除該文獻，按一下「Yes」。同樣，刪除所有不需要
的文獻。

4.8.19 次群組內的文獻確認

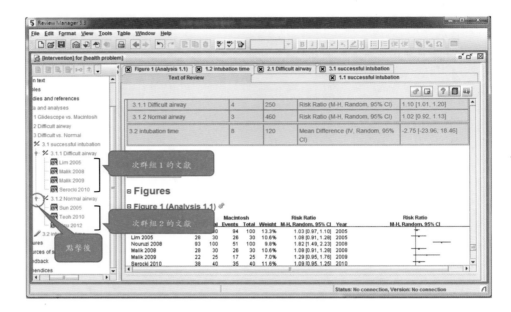

【使用說明】

　　次群組所包含的文獻，按一下各個項目前方的「◆（鑰匙圖像）」即可確認。

4.8.20 調整顯示

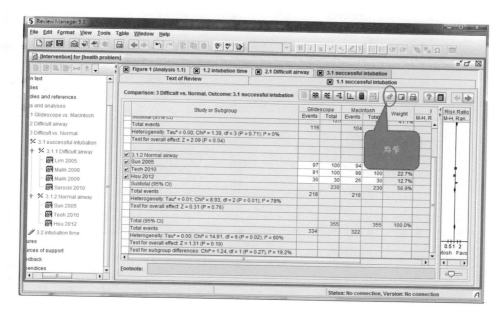

【使用說明】

　　主窗格下方所顯示的「Total（95% CI）」項目，是次群組比較不需要的。為了刪除此項目，按一下工具列的「（Properties）」圖像。

4.8.21 所有顯示的變更

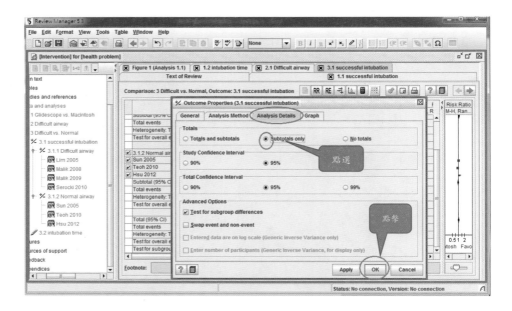

【使用說明】

選擇 Outcome properties 畫面的「Analysis Detail」，將「Totals」的顯示按一下「OK」。變成「Subtotals only」。

4.8.22 次群組的森林圖

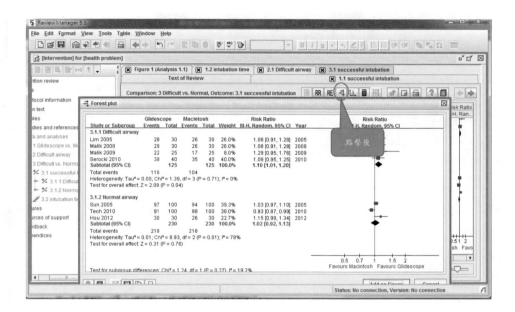

【使用說明】

　　按一下工具列的「」（森林圖），2 個次群組並列的森林圖即完成。

4.9　文獻顯示順序的變更

4.9.1 文獻顯示順序的變更

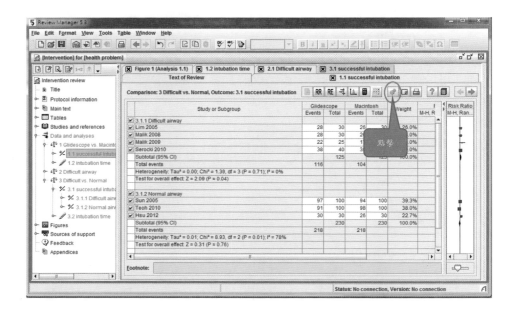

【使用說明】

　　欲將森林圖的排列順序重新分類，則按一下工具列的「 ■（Properties）」圖像，使顯示「Outcome properties」畫面。

　　像效果量或比重的大小，或是作者名等，改變文獻的顯示順序經檢討結果後，有時可得到能發現潛在偏誤的線索。

4.9.2 Outcome properties 畫面的操作

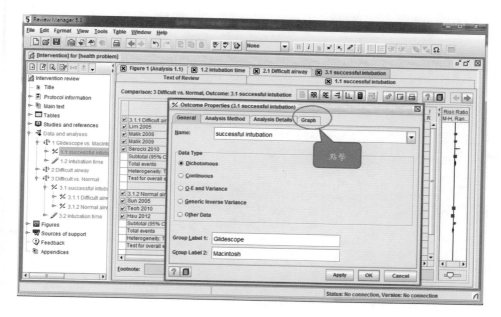

【使用說明】

　　按一下「Outcome properties」畫面的「Graph」。

4.9.3 分類項目變更

【使用說明】

　　按一下欲分類項目的選紐「Effect size」（效果量）。接著按一下「Apply」按鈕時，順序會自動地更改。選鈕可重新選擇。按「OK」確定。

4.9.4 依效果量排序的森林圖

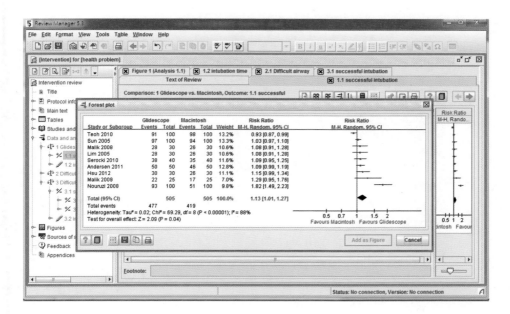

【使用說明】

　　森林圖的順序可改變成依效果量大小排序。因此，利用「Review Manager」的基本操作即告完成。

4.9.5 檢視文獻風險偏誤

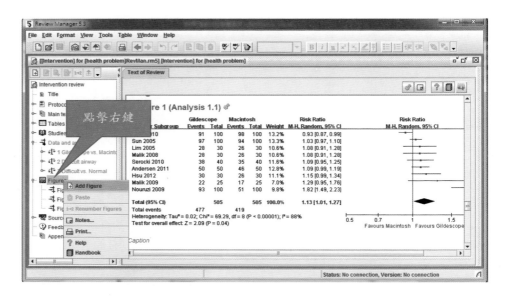

【使用說明】

　　於「Figure」點擊右鍵後，選擇「Add Figure」。

4.9.6 開啓 New Figure Wizard

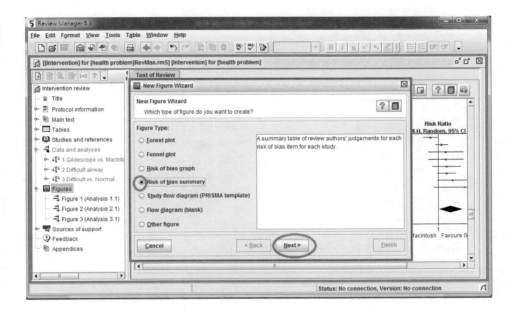

【使用說明】

出現「New Figure Wizard」，從中選擇「Risk of bias summary」，按一下「Next」。

4.9.7 結束 New Figure Wizard

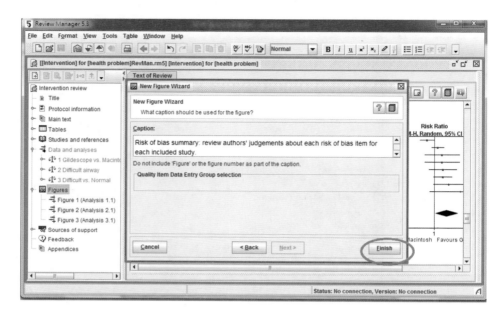

【使用說明】

　　然後按一下「Finish」。於是在 Figure 下方會出現「🖼 Figure 4」。

4.9.8 顯示空白的 Risk of bias summary

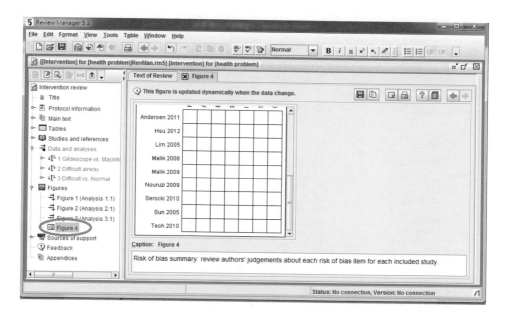

【使用說明】

　　點一下「Figure 4」，畫面即出現各文獻的空白偏誤風險。

4.9.9 Risk of bias table

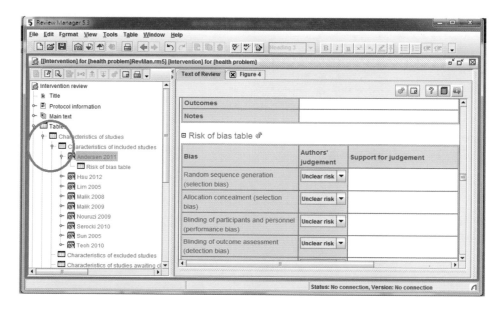

【使用說明】

　　點擊「Tables」，展開「 Characteristics of study」，再展開「 Characteristics of induced study」，出現各文獻，開啓「 Anderson」，出現 Risk of bias table。再對它點擊兩下，即出現右方表格。

4.9.10 刪除不需要的偏誤

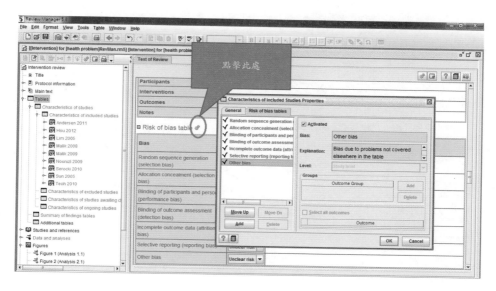

【使用說明】

　　點擊「Risk of bias table」旁邊的「 🐜（properties）」圖像，右方出現「Characteristics of induced studies properties」，若想刪除「other bias」，框選此處後再將 activated 旁邊的「 ☑ 」取消，再按「OK」。

4.9.11 刪除後的 Risk of bias table

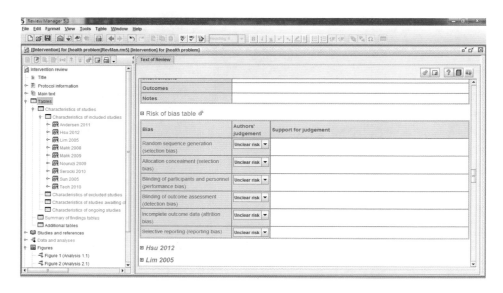

【使用說明】

於是右方的表格中，「other bias」的偏誤即消失。

4.9.12 Risk of bias 的評估

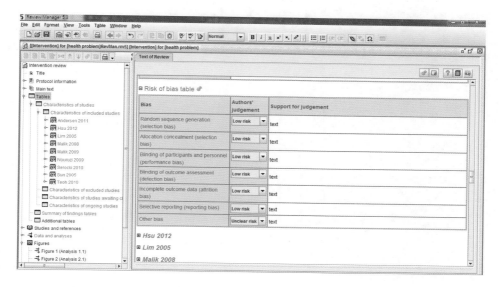

【使用說明】

依作者對 Text 的判斷，將「Author's judgement」從 unclear 改成 lower risk，並在「support for judgement」輸入「text」，輸入時可使用 copy 與 paste。

以下，依序開啟各文獻的「Risk of bias table」。

4.9.13 顯示 Risk of bias summary

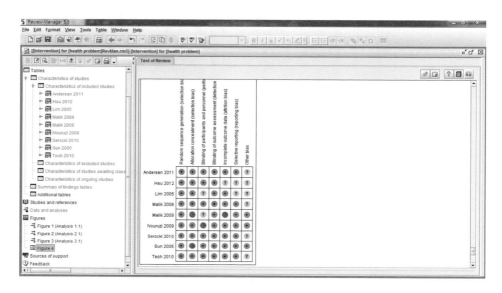

【使用說明】

　　點一下新增的「Figure 4」，出現「Risk of bias summary」。「＋」表示風險偏誤低（low risk of bias），以「－」表示風險偏誤高（high risk of bias），以「?」表示偏誤風險不明（unclear risk of bias）等來進行評估。

4.9.14 選擇 Risk of bias graph

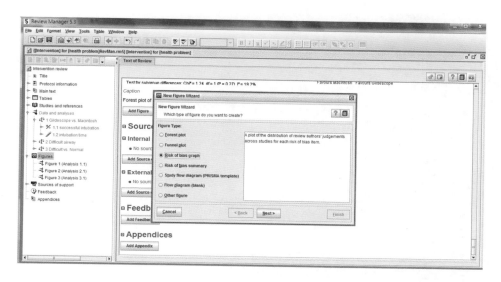

【使用說明】

　　右鍵按一下「Figure」，選擇「Add figure」後，從「New figure wizard」選擇「Risk of bias graph」，按「Next」，最後再按「Finish」。

4.9.15 顯示 Risk of bias graph

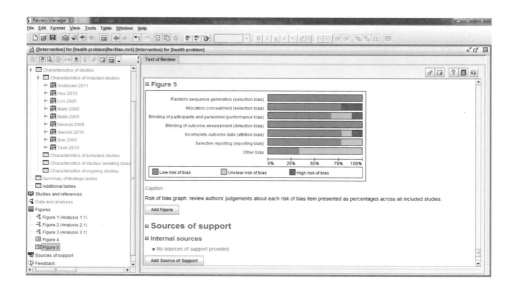

【使用說明】

　　點一下新增的「Figure 5」，出現各偏誤的風險高低，依據研究設計及不同層面來進行評比。以綠色表示風險偏誤低（low risk of bias），以紅色表示風險偏誤高（high risk of bias），以黃色表示偏誤風險不明（unclear risk of bias）等來進行評估。

附錄

■ PRISMA 2009 查檢表

　　為了提高整合分析報告的品質，公布有「系統性文獻回顧」（systematic review）及整合分析（meta-analysis）的優先報告項目（Preferred Reporting Items for Systematic Review and Meta-analysis：PRISMA 2009 Checklist）。

　　以下是整合分析撰寫論文的重要指標。

章節／項目	#	查檢項目	報告頁
標題（Title）			
標題	1	該報告是系統性文獻回顧呢？或是整合性分析呢？或是兩者皆是呢？	
摘要（Abstract）			
構造化摘錄（Structured Summary）	2	背景、目的、數據的來源、研究的適合基準、參加者或介入、研究中的考量及整合方法、結果、界線、結論及主要結果的意義、系統性文獻回顧的登錄號碼等資訊均適切包含在內，提供結構分明的概要。	
前言（Introduction）			
論處（Rationate）	3	與既知的事項相對照，說明系統性文獻回顧的理論根據。	
目的（Objective）	4	與參加者、介入、比較、對照、評價結果、研究設計有所關連（PICOS），對懸案的疑問提出明確的陳述。	
方法（Methods）			
研究計劃書與登錄（Protocol and Registration）	5	顯示系統性回顧有無研究計畫書、它的存取可能性，與存取可能的場所（例：網址），以及如能取得時，提供登錄號碼等的登錄資訊。	

章節／項目	#	查檢項目	報告頁
合格基準 （Eligibility Criteria）	6	以合格基準來說所採用的研究特性（例：PICOS）、追蹤期間、報告特性（例：檢討的年數、語言、出版狀況），一面呈現理論的根據，一面明示。	
資訊源 （Information Sources）	7	明示檢索中的所有資訊源（資料庫與對象期間，以特定追加的研究作爲目的向研究作者的按觸）以及最終檢索日。	
檢索 （Search）	8	針對至少一個資料庫的電子檢索方式，包含所使用的所有「Limits」，使之能重現地說明細節。	
研究的選擇 （Study Selection）	9	提示研究的選擇過程（亦即，篩選、適合性、系統性文獻回顧的列入，以及符合時整合分析的列入）。	
數據的收集過程 （Data Collection Process）	10	數據從報告取出方法（例：樣本格式、獨立取出、兩重取出），以及從研究者取得數據，爲了確認，就所有過程予以說明。	
數據項目 （Data Items）	11	成爲數據檢索的所有變數（例：PICOS、資金提供者），以及列舉、定義所有的假定與單純化。	
各個研究的風險偏差 （Risk of Bias in Individual Studies）	12	評估各個研究的風險偏誤所使用的方法（這是在研究層次中進行的呢？或在評價結果層次中進行的呢？），以及此資訊在所有數據統合中如何加以使用？就此予以說明。	
摘要指標 （Summary Measures）	13	提示主要的摘要指標（例：風險比、均數差）。	
結果的統合 （Synthesis of Results）	14	就數據的處理方法，以及如實施時，各整合分析的一貫性（例：I^2）的指標也包含在內，就研究結果的統合方法加以說明。	

章節／項目	#	查檢項目	報告頁
有關全盤研究的風險偏差 （Risk of Bias Across Studies）	15	對累積證據或許有影響的所有風險偏誤的評估（例：出版偏誤、研究內的選擇性報告）加以明示。	
追加的分析 （Additional Analysis）	16	如實施追加的分析（例：敏感度分析或次群組分析、整合迴歸分析）時，說明它的方法，其中的任一者是否事前規定，予以明示。	
結果（Results）			
研究的選擇 （Study Selection）	17	已加篩選的研究、適合性有所評估的研究、加諸於文獻回顧的研究件數予以明示，就各階段的排除理由來說，最好能以流程圖來說明。	
研究的特性 （Study Characteristics）	18	有關各研究說明數據取出的特性（例：研界的數據、PICOS、追蹤期間），提示引用。	
研究的風險偏差 （Risk of Bias Within Studies）	19	有關各研究的風險偏誤，以及如果能取得時，提示評價結果的所有評價（參照項目 12）。	
各個研究的結果 （Risk of Individual Studies）	20	就成為檢討對象的所有評價結果（利益或害處），盡可能附上流程圖按研究別提示 (a) 有關各介入組的簡單概略數據，(b) 效果估計值與信賴區間。	
結果的統合 （Synthesis of Results）	21	提示所實施的各整合分析的結果，包含信賴區間、一貫性指標在內。	
關於全盤研究的風險偏差 （Risk of Bias Across Studies）	22	提示有關全盤研究的所有風險偏誤的結果（參照項目 15）。	
追加的分析 （Additional Analysis）	23	如實施了追加分析〔例：敏感度分析或次群組分析、整合迴歸分析（項目 16 參照）〕，明示其結果。	

章節／項目	#	查檢項目	報告頁
考察（Discussion）			
證據的概要（Summary of Evidence）	24	關於各主要評價結果，包含證據的強度、就主要結果加以摘錄，以及檢討它們與主要的群體（例：醫療提供者、利用者、政策決定者）有何關係。	
界限（Limitation）	25	就研究層次和評價結果層次中的界限（例：風險偏誤），以及系統性文獻回顧層次中的界限（例：特定研究完全未被檢索、報告偏誤）加以討論。	
結論（Conclusion）	26	將結果的一般解釋與其他證據之關聯加以提示，說明對今後的影響。	
資金（Funding）			
資金（Funding）	27	就系統性回顧的資金提供者和它的支援（例：數據的提供），以及在系統性回顧中資金提供者的功能予以說明。	

參考文獻

■參考書目及論文

1. 丹後俊郎，整合分析入門——統合證據的統計手法（醫學統計學系列），東京：朝倉書店，2002

2. 野口善令，初級整合分析，東京：健康醫療評價研究機構；2012

3. 平林由廣，初步整合分析，東京：克誠堂出版，2016

4. 莊其穆，臨床醫師如何閱讀整合分析，台灣醫界，2011, Vol. 54, No.2

5. 李宛柔、林怡君、于耀華、賴玉玲，後設分析之介紹，牙醫學雜誌（J Den Sci）29-2, 63-68, 2009

6. 李智雄醫師，高雄醫學大學附設醫院醫學實證中心，「系統性文獻回顧的評讀」PPT，2013

7. 馬惠文，以系統性文獻回顧檢視穴位按摩在護理實務的應用，中國醫藥大學護理學系碩士班碩士論文，2006

8. Moher etc., Prefered reporting items for systematic reviews and Meta-analysis: The PRISMA statement. PloS Med, 6(6), 2009

9. Cook, D. J., Mulrow, C. D., & Brian Haynes, R., *Synthesis of best evidence for clinical decisions*. In Mulrow, C. D. & Cook, D. J. (Ed.), Systematic reviews(p7). Maryland: American college of physicians, 1998

■網　　址

1. http://hiv.cochrane.org/sits/hiv.cochrane.org/files/uploads/rm5tutorial.pdf

2. http://ims.cochrane.org/revman/documentation/rm5useguide.pdf

3. http://sits.google.com/site/revmantutorial

4. 南鄉榮秀，Beginners' Training Sheet for Systematic Review: http://spell.umin.jp/BTS_SR5.0.pdf

5. 郭錦隆醫師的分享部落格：

   http://drkuochinlung.blogspot.tw/2013/11/review-articleresearch-article.html

6. http://www.nlm.nih.bov/nichsr/htalol/ta10107.html#Heading 26

國家圖書館出版品預行編目資料

醫護統計與整合分析：RevMan5軟體操作／楊
秋月，陳耀茂著. --三版. --臺北市：五南圖
書出版股份有限公司, 2023.07
面；　公分
ISBN 978-626-366-264-3(平裝)

1.CST：統計套裝軟體　2.CST：統計分析

512.4　　　　　　　　　　112010082

5J74

醫護統計與整合分析
─RevMan5軟體操作

作　　　者 — 楊秋月、陳耀茂(270)

發 行 人 — 楊榮川

總 經 理 — 楊士清

總 編 輯 — 楊秀麗

副總編輯 — 王俐文

責任編輯 — 金明芬

封面設計 — 陳亭瑋

出 版 者 — 五南圖書出版股份有限公司

地　　　址：106台北市大安區和平東路二段339號4樓

電　　　話：(02)2705-5066　　傳　　真：(02)2706-6100

網　　　址：https://www.wunan.com.tw

電子郵件：wunan@wunan.com.tw

劃撥帳號：01068953

戶　　名：五南圖書出版股份有限公司

法律顧問　林勝安律師

出版日期　2016年 8 月初版一刷
　　　　　2020年 4 月二版一刷
　　　　　2021年 8 月二版二刷
　　　　　2023年 7 月三版一刷

定　　價　新臺幣420元

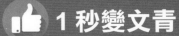

經典永恆・名著常在

五十週年的獻禮——經典名著文庫

五南，五十年了，半個世紀，人生旅程的一大半，走過來了。
思索著，邁向百年的未來歷程，能為知識界、文化學術界作些什麼？
在速食文化的生態下，有什麼值得讓人雋永品味的？

歷代經典・當今名著，經過時間的洗禮，千錘百鍊，流傳至今，光芒耀人；
不僅使我們能領悟前人的智慧，同時也增深加廣我們思考的深度與視野。
我們決心投入巨資，有計畫的系統梳選，成立「經典名著文庫」，
希望收入古今中外思想性的、充滿睿智與獨見的經典、名著。
這是一項理想性的、永續性的巨大出版工程。
不在意讀者的眾寡，只考慮它的學術價值，力求完整展現先哲思想的軌跡；
為知識界開啟一片智慧之窗，營造一座百花綻放的世界文明公園，
任君遨遊、取菁吸蜜、嘉惠學子！